SHIZUOKA SEIKO GAKUEN
stingers

選手主体の時短練習で花園へ

静岡聖光学院ラグビー部の部活改革

静岡聖光学院ラグビー部監督
佐々木陽平

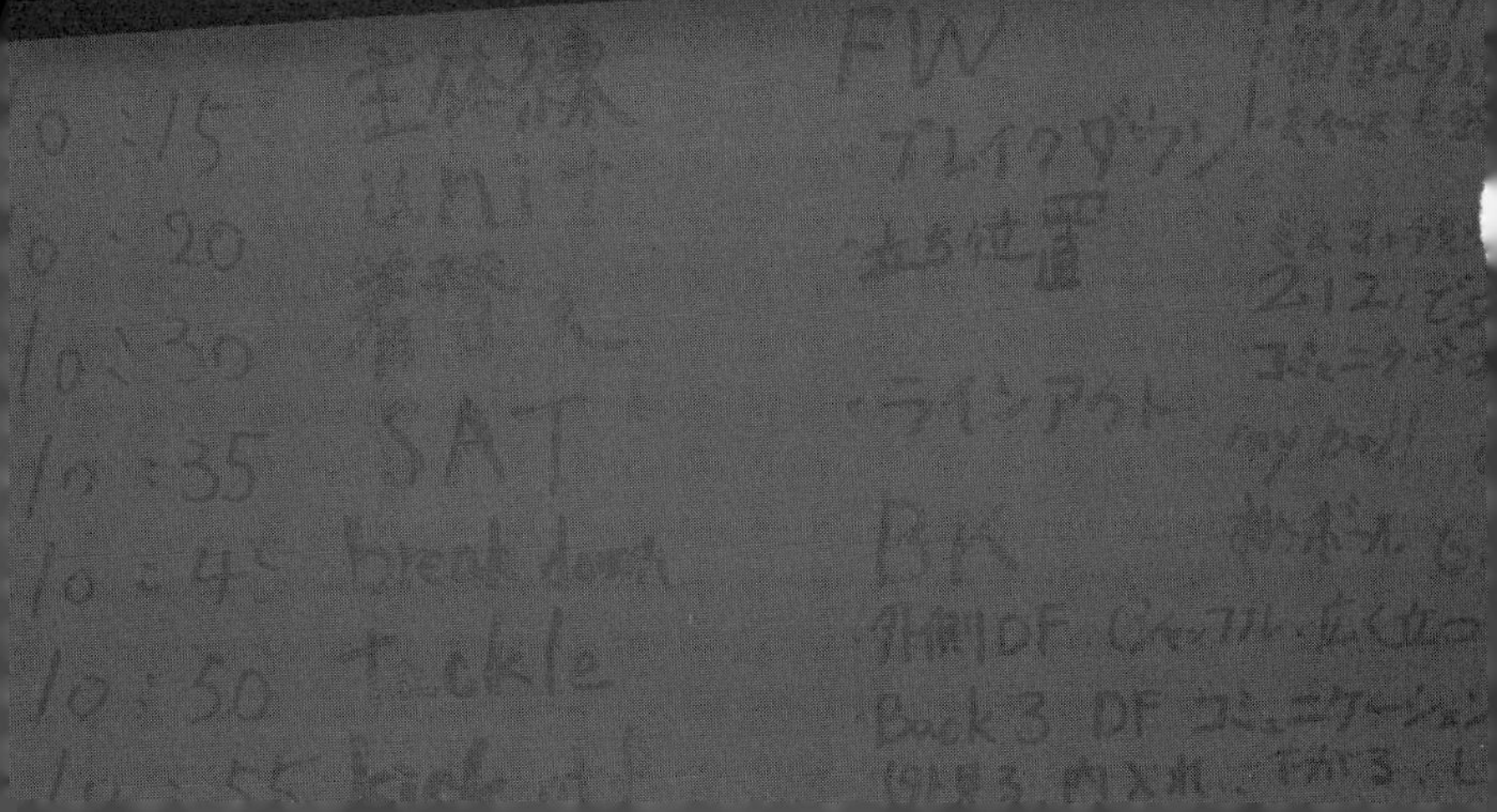

まえがき

練習は週3回、活動時間は60分〜90分。夏休みは約30日オフ。年間約100日の練習。静岡聖光学院ラグビー部は、このような条件下で活動をしています。

現校長の星野明宏先生はこの条件を強みに変えて、初の花園出場に導きました。ご本人は自分のことを「凡人」と呼んでいますが、まったくそのようなことはなく、そのカリスマ性は全国大会出場に導くに十分なものがあります。

その後、島田至隆先生（現・名古屋経済大学ラグビー部監督）が後任となり、初の全国選抜大会出場を果たすなど、ラグビー部は進化を遂げてきました。

しかし私が監督になり、2年連続で県大会決勝で敗退し、花園出場を逃してしまったのです。

当時の私は、前任の先生方に倣い「チームをさらに進化させよう」「監督として、花園の地に立ちたい」という想いが強くなり、子どもたちではなく、自分が主役の指導をしていました。

そのことに気がつき、就任3年目に取り組みを抜本的に見直すとともに、多くの指導者を訪ね、指導を仰ぎました。

ラグビーに限らず、サッカー・野球・バスケット・チアダンスなど、他競技の素晴らしい指導者からヒントをいただき、学んだことを変換して指導に取り入れました。

そうすることで子どもたちからも、たくさんの学びを得られるようになりました。

そして、ラグビーを通じてどんな人間になってほしいか。社会でどんな活躍をしてほしいかに、あらためて目を向けました。

「こうなってほしい」という理想の姿から逆算し、「その姿に近づけるには、どうすればいいのだろう?」と考え、指導のスタンスを大きく変えることにしました。

ポイントになったのは、規律・自主性・主体性を明確に区別し、子どもたちの主体性を重視することです。その結果、彼らが生き生きとする姿が見られるようになり、2018年、2019年と花園出場を果たすことができました。

これからの時代の子どもたちは、増え続ける不確実性や曖昧性を味方につけながら、自分の生き方を創造していかなければなりません。

そのためには、自分の人生や学びを主体的に設計していく力が求められます。

私はラグビーを通じて主体性を養い、決断ができる「骨太ジェントルマン」になってほしいという強い想いを持っています。

そのための一つの手段として、公式戦のハーフタイムで指示をすることをやめました。

だからといって、ただ放置するわけではありません。ミーティングのフォーマットを作るため、アクティブラーニングの専門家を招聘し、より良い話し合いができる環境を作りました。原理原則を指導した上で、生徒に考えさせ、決断させる指導に転換したのです。

偶然ですが、部活動改革が求められている昨今の状況と、我々の取り組みはマッチしていると感じています。

世界に目を向けると、学生時代に様々なスポーツや芸術をたしなむことは当たり前です。静岡聖光が交流している、英国パブリックスクールを始めとするエリート校の生徒は「エリートだから、自己犠牲の精神を学ぶためにラグビーに取り組んでいる」と胸を張って言います。

各国のエリート候補と関わる中で、日本における部活動の位置づけ、長時間練習を始めとする部活文化について、疑問を抱くようになりました。

もちろん、プロ選手になりたい、オリンピックを目指すという生徒には、長時間の鍛錬や練習が必要です。しかし、大部分の生徒はそうではありません。プロやオリンピックを目指すのはひと握りです。

大多数の子どもたちはスポーツで得た経験をもとに、社会に羽ばたいていきます。大切なのは「スポーツを通じて、どのような力を身につけてほしいか」を、指導者が考えることではないでしょうか。


私はラグビーの無名校出身で、高校・大学ともに指導者が不在の環境でした。専門的な指導を受けた経験は乏しく、華々しいキャリアはありません。いわばラグビー界の凡人です。

この本には、凡人の私が取り組み、結果を出してきた指導法が書いてあります。

現在に至るまで数々の失敗を重ね、たくさんの方に指導を仰いできました。その中で、勉強になった教えについても記載しています。

最初に、出版の話をいただいたときは戸惑いましたが、私と同じような境遇にいる指導者の参考になれば幸いです。

目次

第2章 主体性指導で花園へ

第3章 日本最北端での指導

第6章 中学生の指導

第7章 特別対談

構成：鈴木智之

カバー・本文写真：武田敏将／静岡聖光学院ラグビー部

装幀・本文組版：布村英明

編集：柴田洋史（竹書房）

1

「思考の質で勝つ」静岡聖光ラグビー部

限られた時間で、最大限の成果を出す

静岡聖光学院ラグビー部の特徴は何かと聞かれたら、２つのキーワードを挙げることができます。それが「時短練習」と「主体性」です。

練習は火曜日、木曜日、土曜日の週３回。時間は夏は90分、冬は60分です。夏休みは１週間程度の合宿を行いますが、それ以外の30日間は休みです。

冬休み期間は全日程がオフになります。練習回数は年に１００回ほどしかなく、たくさん練習する学校の３分の１程度です。

「限られた時間で、最大限の成果を出す」。これが、我々が取り組んでいることです。

人間とはおもしろいもので、制限がかかると工夫するようになります。

私は静岡聖光に来る前は、北海道の札幌南陵高校、羽幌《はぼろ》高校、札幌厚別高校で教員をしていました。当時は、３時間練習は当たり前。「長時間、ハードな練習で選手を鍛える」という視点で指導をしていました。

その後、様々な指導者に出会い、子どもたちの主体性を重視したスタイルに変わっていくのですが、静岡聖光は練習回数が少ないので、無駄にしている時間は１分もありません。

常に目的意識を持ち、集中して前向きに取り組むことが求められることに、変わりはないのです。

チームには「何となくを徹底的に排除する」というスローガンがあります。何となく練習をするのではなく、課題に対して具体的な解決プランにチャレンジし、最大限の結果を出す。選手たちの主体性を重視した活動をし、試合では「思考の質」で相手を上回ることを目指しています。

静岡聖光には練習回数、練習時間が少ないことから、次の課題があります。

（1）ウォーミングアップをすると練習の時間がなくなる
（2）ダッシュやフィットネスをする時間がない
（3）話し合う時間がない

限られた練習時間の中で、いかにして効率的に強化をするか。この視点を常に持ち、トレーニングに取り組んでいます。

そのため、生徒たちは授業が終わり、ラグビーの支度をして校舎を出た瞬間から、トレーニングが始まります。まず、グラウンドの中央にあるロッカーまでダッシュで向かいます。

トレーニングの合間の給水タイムも、ダッシュでドリンクが置いてある場所へ向かい、一度しゃがみこんで、タックルの動きを入れます。そして、水を飲みながら2分程度、ミーティングをします。

　見学に来てもらえるとわかると思いますが、普段の練習時間は夏が90分、冬が60分と短いので、休んでいる暇はありません。練習、話し合い、休息のテンポはとても速いです。

　水を飲みに行くときにダッシュする、飲みながら会話をすると言ったルールを作ったのは、静岡聖光ラグビー部の礎を築いた、星野明宏校長です。

　水を飲みに行くときにダッシュをし、負荷をかけて止まるというルールにしておけば、そのわずかな時間もトレーニングになります。

　また効率的なトレーニングをするために、練習を始める前に全員で映像を見て、その日の目的を共有します。私が映像を見せてテーマを確認し、そのためにどのようなトレーニングをするかを、

練習前に映像を見て、その日のトレーニングテーマを全員で共有する

子どもたちと決めます。

練習時間が短いからこそ、集中して全力を出す。それが短時間で質の高いトレーニングにつながります。

たとえば、毎回110％の意識でトレーニングをすると、1.1×1.1×1.1と積み上がり、110％がいつしか130％になります。しかし、毎回90％の力ですると0.9×0.9×0.9＝0.7と徐々に落ちていってしまいます。

全力の積み重ねで力はついてくる。その考えをもとに、ラグビー部の部訓は「成し遂げる」としています。

かつては真逆の指導だった

子どもたちの主体性を重視する指導に取り組んで4年になりますが、始めた頃といまとでは、やり方が変わってきました。

以前は放課後など、全体練習以外の時間をいかに活用するかに力を入れていました。

朝、学校に来て始業前にミーティングをして、昼休みにみんなで集まって試合の映像を見るといった形です。

そのような日々を過ごす中で、方法論が大切なのではなく、「静岡聖光ラグビー部をどんな部にしたいか」というカルチャー（文化）の共有を図ることの方がより大切なのではないかと思うようになりました。

静岡聖光には、スポーツ推薦や特待生制度がありません。アスリート能力の高い子たちが集まる、他の強豪校と同じアプローチをしても、歯が立たないでしょう。

そうではなく、自分たちにあった指導をして子どもたちを伸ばし、相手にストロングポイントを出させずに上回る。それが試合での勝利につながると考えています。

かつての指導法は、いまと真逆でした。多くの指導者がそうであったように、スパルタ指導をしていました。きつくハードな練習を課せば、試合に勝てるようになると考えていたのです。「他のチームが10本ダッシュをしているのならば20本やるぞ！」と……。

これは私にとって、自己満足以外のなにものでもありませんでした。子どもたちにハードな練習をさせることで、指導に対する不安を解消していたのです。

でも、そのスタンスで指導をすると、勝負所で勝てないんです。

どうすればいいんだと悩んで、勝っている監督さんのところにアドバイスをもらいに行ったところ「お前には勝負勘がない」と言われたこともありました。

そこで「勝負勘って、どうやって身につけるんだ？」と悩んだり……。

トップダウンの指導スタイルは、２０１５年に静岡聖光に来た当初も続いていました。

その後、２０１７年の静岡県大会決勝で東海大翔洋に敗れたこと、部活動サミットを開催して、時短練習で結果を残しているチームの取り組みを目の当たりにしたことで、指導スタイルが変わっていきました。

その全容は、この本の中でお伝えできればと思っています。

３Ｓ活動と主体練

ある日のトレーニングを紹介します。まず、集まってきた選手から「３Ｓ活動（整理・整頓・掃除）」をします。映像を見ながら、その日の練習のポイント確認し、主体練をしてウォーミングアップ、コンタクトスキル、トーク＆フィックス、３チームでのゲーム、フォワード、バックスに分かれたユニット練習、チームでのエリア攻略練習という流れです。

トレーニングの順番は、子どもたちと一緒に考えています。

最初の「3S活動（整理・整頓・清掃）」は、子どもたち自身が、ボトムアップ指導でおなじみの畑喜美夫先生が監督をしていた広島県立安芸南高校サッカー部（当時）へ勉強に行き、その様子に感銘を受けて「僕たちもやりたい」と言ったので採用しました。

グラウンドに落ちているゴミを拾う、バッグなどの荷物を整理整頓する、練習をスムーズに行えるように用具の準備をするなど、自らやるべきことをみつけて行動していきます。

3S活動には、「仕事をみつける」という視点もあります。ラグビーの試合中、オフ・ザ・ボールのときにどう動くかを考えることと、3Sのときに何をするかをみつけることは通じるものがあると思っています。

適当にゴミを拾っている子と、練習に備えて道具を整理していたり、邪魔なものを片付けている子、どうすれば効率的に練習できるかを考えている子では、試合になったときの状況判断力に差が出ます。やはり3年生、Aチームの子は3Sの質も高いです。

全国大会でも、圧倒的な整理整頓の質を披露したいと思っています。他のチームを何かで圧倒したいので、「ちょっと綺麗だね」ではなく、圧

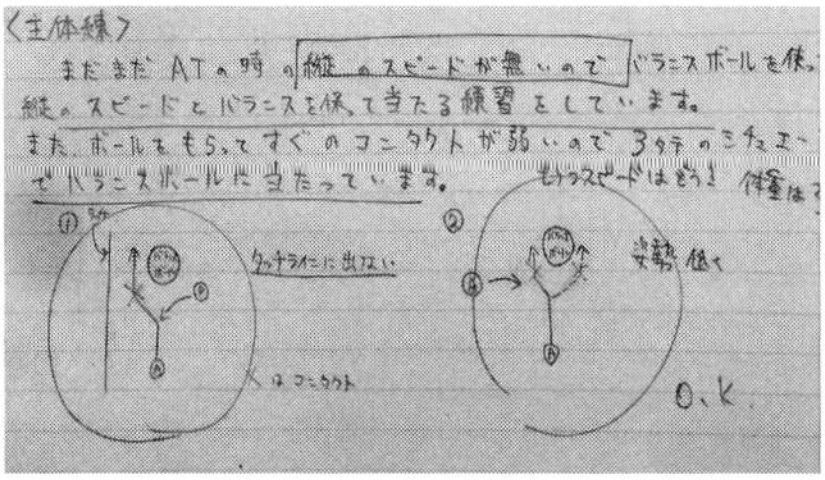

各自が課題を解決するための練習メニューをラグビーノートに書いて提出し、「主体練」の時間に取り組む

倒的な綺麗さを求めています。そのお手本が、畑先生がいた頃の安芸南高校です。

3Sが終わり、全員が集まったところで、映像を見ながら練習のポイントや目標を共有します。ただなんとなく練習をするのではなく、「この練習で何に取り組むか」「何を目指すか」といったことを事前に共有することで、トレーニングの質を高めることが狙いです。

次の主体練（主体的な練習）では、各自が自分の課題を認識し、改善・向上するためのトレーニングをします。

ここでも漫然と行うのではなく、課題を明確にし、数値目標なども入れながら取り組みます。主体練で何をするかは、個人の自由です。練習メニューも彼らが考えます。

自分で課題を抽出して、解決するための練習メニューをノートに書いて、私に提出することになっています。各々違うことをするのですが、必要があれば2人組や3人組でやることもあります。

課題はそれぞれ違うので、50人いたら50パターンあります。たとえばタックルが苦手な子は、試合のどの場面のタックルが苦手なのかを自分で分析して、改善のためのトレーニングをします。

ほかにもタッチラインのディフェンスが苦手とか、正面からまっすぐ来られるのが苦手とか、2対3のときのディフェンスが苦手など、バックスはいろいろな角度でディフェンスに入らなければいけないので、苦手なパターンの克服はとても大切です。

そのような課題を自分で挙げて、修正するための練習を企画し、5分間で行います。

ラグビーノートを通じてアドバイスを与えることはありますが、主体的に練習することが重要なので、彼らの感性に任せています。「主体練が自分たちの生命線です」という子は多いです。

子どもたちはラグビーノートを書いていて、週に1回提出しています。1日24時間をどう過ごしているのかを記入するのですが、私が知りたいのは寝る時間と食事の時間です。

そして、勉強の課題とラグビーの課題を書き、解決のための施策をどうするかを考えさせています。1日の過ごし方に関して、私が指摘して「こういうふうに過ごしなさい」と言うことはほぼありません。それをするとトップダウンになり、主体性とかけ離れてしまいます。また、生徒が本当のことを書かなくなってしまう可能性もあります。

中高生は勉強の時間も大切です。学校自体が進学に力を入れていて、高校のクラスは海外大進学コース等、様々なコースに別れています。

卒業生には医者や経営者として活躍をしている方が多くいます。その子どもも入学してきてくれます。そのため、医学部や難関大学、海外を目指す子も多いです。

トーク&フィックスで話し合い

主体練の次がウォーミングアップです。我々はウォーミングアップのことを「ウイニングプレパレーション（勝つための準備）」という名前で呼んでいます。

そこで何をするかも子どもたちが決めるのですが、15分で試合に入る準備ができる状態を作るよう求めています。通常のチームのウォーミングアップは30分以上かかることが多いと思いますが、練習時間や体力の消耗を考慮して、15分の設定をしています。

コーチ陣の指導が入るのが、コンタクトスキルの部分です。ここだけは、子どもたちだけで厳しく追い込めないので、我々が介入します。トレーニングは15分間で、ヘロヘロになるまでやります。

なぜ15分に設定するかというと、高校ラグビーの前後半のプレー時間が約15分だからです。そのため、16分行うとぶっ倒れるような練習を目指しています。

コンタクトスキルが終わったところで、5分間のハーフタイムに入ります。このときに「トーク&

フィックス」というミーティングをして、その後のゲームに備えます。

「トーク&フィックス」とは、リーダーシップコーチの小寺良二さんに教えてもらった、ミーティングの方法です。

みんなで意見を出し合い（トーク）、情報を整理して、次の行動指針を決める（フィックス）というフォーマットを通じて、チーム内での意思疎通、コミュニケーションを円滑にしていきます。

トレーニングはゲーム（試合形式）を多く行います。時短練習で結果を出すためには、ゲームとミーティングが大切。これが私の持論です。

以前、時短練習で結果を出している、他の競技を見学に行ったときに「これだ！」

本日の目標
Talk & Fix の質を高める
９０秒の話し合いで納得度の高い
意志決定ができるようになろう！
Knock②:テーマ
もしチームで憧れの
スポーツ選手１人に会い
に行けるとしたら誰？
Talkで広げてFixで絞ってみよう！
Talk & Fix Diamond:
Talk
Fix
Talk & Fix IPA Method:
Talk
Fix
I
P
A
以前、小寺さんに「トーク&フィックスノック」というトレーニングをしていただいたときの資料

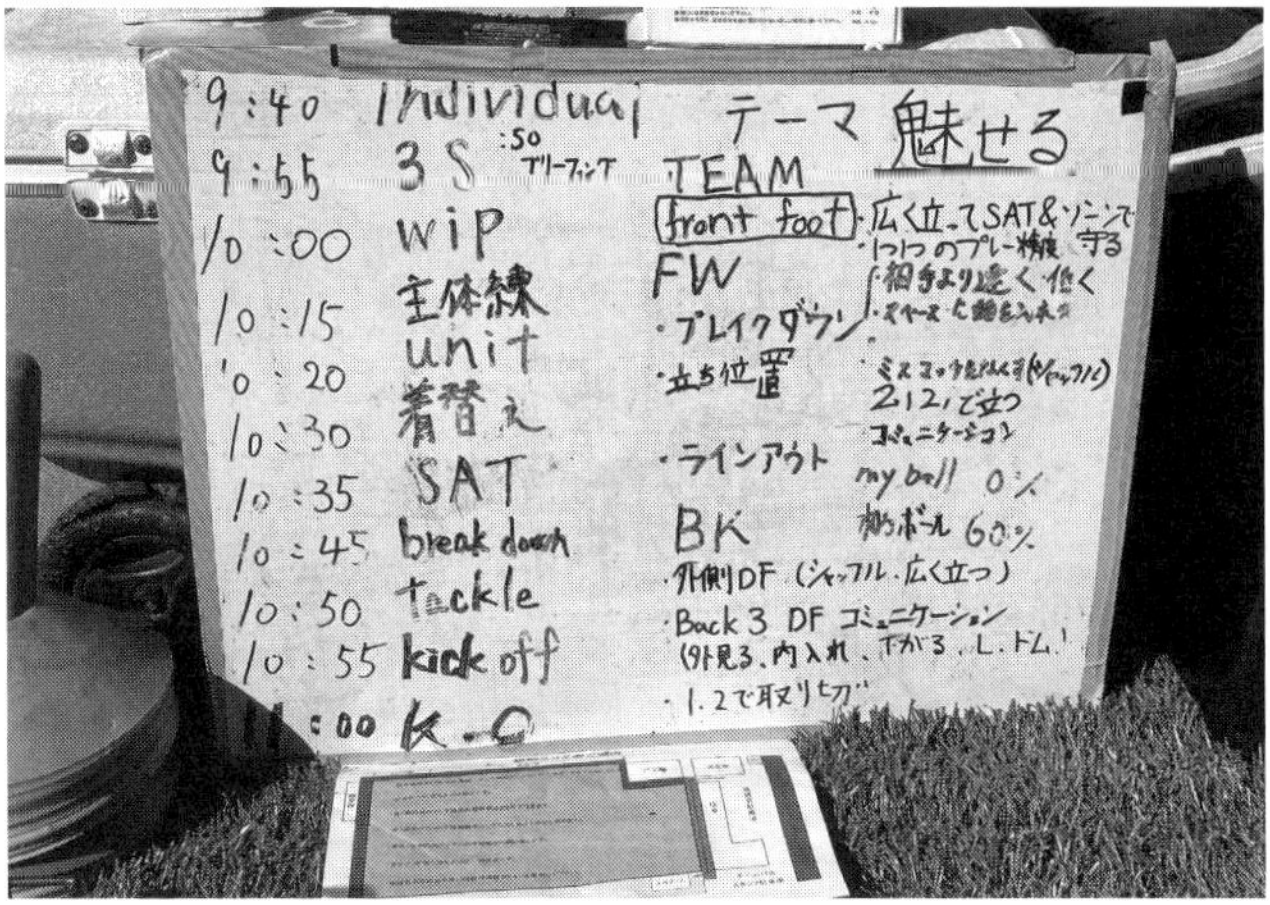

選手たちが中心となって毎日の練習メニューを決めることもある

と気がつきました。

ゲームは90秒をひとつの区切りにします。ラグビーの1プレーは90秒から120秒の間で行われることが多く、トライが決まると、90秒ほど話し合う時間があります。そこで、『プレー90秒＋話し合い90秒』をワンセットで考えています。

ゲームのルールは少しずつ変えます。グラウンドを狭くして、フルコンタクトにし、ぶつかる機会を増やしたりと、その時のテーマによって変わります。

設定としては3チームで運営し、ゲームをしていない3チーム目がグラウンドの周りを囲み、ボールがタッチラインを割ったらすぐに入れるなどして、プレーが途切れないようにします。

キックに関しても、あり、なしとルールを変えることで、するべきプレーが変わります。キックなしというルールであれば、よりボールを動かさなければいけなくなるといったように、強化したいポイントから逆算して、トレーニングの設定をします。

試合を見て、トランジションがよくなければ、トランジションの場面が多く出るゲームをしたり、相手の裏にスペースがあるのに蹴らないといったことがあったら、蹴る場面が出る設定にします。

ある日の練習では「どうやってスコアをするか」というテーマを伝えました。

すると、子どもたち同士で話し合い、「今日の練習ではキックでトライを取ることにチャレンジしよう」という感じで、彼ら自身で考えて進めていました。

基礎的なところでミスをすると、本当にやりたい目的に到達しないので、各自の課題を主体練で克服して、チーム練習を滞りなくできるレベルに引き上げます。

チーム練習で行うゲームでミスが頻出すると、「主体練の質が低いんじゃないか」という話になります。だからこそ、主体練は重要なのです。

技術的なトレーニングは、全体練習ではほぼ実施しません。ゲームの中で技術と判断を伸ばすことが重要であり、それが実際の試合で必要なスキルになると考えているからです。

トレーニング中、試合と同じように5分間のハーフタイムを作ることもあります。

そこでは前半のトレーニングをレビューし、後半は何にフォーカスするかの話し合いをします。もうひとつ大事なのはリカバリーです。5分間のうち、何分間でリカバリーできるかを普段からトレーニングしています。

静岡聖光のカルチャーとして「相手チームよりも、充実したハーフタイムを過ごす」ことがあります。そのために、普段のトレーニングからハーフタイムを設けて、内容を詰めていきます。

スクラムの練習は年に10回ほど

スクラムの練習はほとんどしません。こう言うとかなり驚かれます。通常、大体の学校にスクラムマシンがあり、それを使って毎日トレーニングをするのが普通です。

静岡聖光は練習時間が短いので、それを毎日実施すると、全体練習の時間が不足してしまいます。そのため、土屋貴裕スクラムコーチが来たときだけ、練習するようにしています。1年間で10数回です。ただし、普段の練習には土屋コーチの長年培ってきたノウハウが詰め込まれており、これ以外に体づくりの練習にはしっかりと時間を割いています。

年に10数回の練習でできるようになるのを見たときに「毎日、スクラムの練習をしていたのはなんだったんだ」とがく然としました。

ちなみに、私が静岡聖光に来る前、北海道で指導をしていたときは、毎日スクラムの練習をしていました。なにせ毎日の練習時間が3時間以上あったので、どんな練習もできました。

大体、ウォーミングアップをして、スキル練習を1時間。その後にユニットトレーニングを1時間やり、ゲーム形式の練習を1時間。最後にフィットネストレーニングをして、毎日3時間半はトレーニングをしていました。

ラグビーの練習をそれぐらいやるのは普通でした。いま思うと、練習の最後の方は体力も集中力も維持できていなかったでしょうね。

全体のトレーニングは、たとえば「エリアマネージメント」とテーマが決まったら、ポイントを設定して、上手くいったかいかないかをチェックします。それをもとに、子どもたちがどこを修正するかを話し合って、次の練習までにフィックスします。

彼らは昼休みに集まって話をしたりしているので、そこで修正することもあります。もちろん、私がミーティングで提案することもあります。たとえば去年のチームと比べて、この部分はこうなっているといった映像を見せて、「みんなでどうプレーすればいいかを考えよう」という感じで任せます。

選手個々の映像フォルダを作る

個人で課題を抽出するときの助けになるように、チームのパソコンを活用しています。

選手ごとにフォルダを作り、その中に各個人のプレー集が入っています。これを作るのは私を始めとするコーチ陣の仕事です。

子どもたちはこの映像を見て、「このプレーはもっとこうした方がいいんじゃないか」「この部分はもっとレベルアップできるな」など、考えるための材料にしています。

静岡聖光は週3回の練習なので、私が映像を編集する時間があります。これも時短練習のメリットだと思います。

最初の頃は悪かったプレーばかりを編集して、「ここを改善すべき」と指摘していました。でも、それだと結局やらされる練習になってしまいますし、子どもたちの気持ちもノッてきません。きっとダメ出しをされていると感じるのでしょう。いまでは良いプレーをたくさん入れるようになりました。各選手のフォルダは、チーム全員が見ることができます。ライバル選手のプレー動画を見て、どこが良いのか、どこに向上の余地があるのかを、自分と比較することができるわけです。

そうすることで主体練に対するモチベーションも上がりますし、身近なライバルのプレーを観察することで、レベルアップするヒントにもなります。

たとえば、ある子はタックルのときに簡単に飛び込んでしまって、しっかり踏み込んで入れないことと、相手に肩を当てられないことがウィークポイントでした。

そこで地面にコーンを置き、ラインを超えるまで飛び込まないと決めて取り組んでいました。また、相手に自分の肩をしっかり当てるために、手を後ろで組んでぶつかるなどの工夫をしながら、主体練に取り組んでいました。

そのようにして、自分のウィークポイントを理解して、改善できる子は伸びていきます。それはラグビーに限らず、勉強も日常生活でも同じだと思います。

映像をもとに、客観的にアドバイスをする

映像を分析してトレーニングに落とし込むことの大切さは、エディ・ジョーンズ（前ラグビー日本代表ヘッドコーチ）のトレーニング見学させてもらったときに感じました。

北海道でユースコーチをしていたときに、ジャパンの合宿を見学させていただく機会がありました。トレーニングで選手がGPSをつけていたので、てっきり走行距離にフォーカスしているのだと思っていました。そうしたら、加速度を測っていたんです。

そして、「ニュージーランドの加速度はこれぐらい」「南アフリカの加速度はこれぐらい」と提示して、「この数値を出せないと、試合には勝てないぞ」と言っていました。

その数値をもとに、加速度を鍛えるためのトレーニングを組み、「○○選手はニュージーランドの

加速度に近づいた」「スーパーラグビーでも、このスピードであれば通じるぞ」と選手を称えていました。

その様子を見て、具体的に数値を提示されて褒められると、モチベーションは上がるだろうなと思いました。

そのミーティングを見てから、子どもたちに何かを提示するときは、必ず根拠を示すようにしました。

フィットネスのトレーニングにしても、何も言わずに「グラウンド10周」ではなく、「このタイムでグラウンドを10周すると、試合でこれぐらいのパフォーマンスになる」という話をします。

あるとき、子どもたちが「僕らも日本代表みたいに、ボールをどんどん動かすラグビーをしたい」と言ってきたことがありました。

そこで「そのラグビーをしたいのであれば、10ｍのパスを0.8秒で投げる必要があるよ」と提示しました。

このようにして、やりたいラグビーに必要な技術やスピードなどを割り出して、主体練でできるようにしていきます。その基準を示すのは、私の仕事だと思っています。

「28ｍを4秒で走る」「10ｍのパスを0.8秒で投げる」といった具体的な数字を提示し、そのために必要なトレーニングは子どもたちが考えます。

そして、彼らが「もっと知りたい」という気持ちが高まるのを見計らって、専門のコーチを呼びます。そうすると、乾いたスポンジに水が吸いこまれていくかのように、前のめりに質問し、教えを聞くようになります。

タイミングはすごく大事で、求めているタイミングではないのに、専門のコーチに来ていただいても、ミスマッチが起きてしまいます。

いまの自分がこうで、こうなりたいから、そのために何をすればいいかを考える。それが主体性です。その枠組みを作って整えることが、私の役目だと思っています。子どもたちと話をして、「こういうことがやりたい」という意見を聞いて、「だったらこうしよう」「こういう人に教わろう」と筋道を立てて、ここぞのタイミングで本物を連れて来ます。

昔のように「絶対に花園に行くぞ！ 俺についてこい」というやり方では、結果はついてきません。経験からそう痛感しています。

子どもたちに任せて、一人ひとりを自分の足で歩かせた方が、私が背中を押して歩かせるよりも、早く目的地に着く。そう思っています。

ミスを指摘せず、気づかせる

主体練の様子を見ていて、「もうちょっとこうしなさい」という口出しはしません。なかにはキックの練習だけをして、キャッチをしない子がいます。とくに、雨の日にその傾向があります。でも、そういう子に限って、試合でキャッチミスをしてしまうのです。

そこで「あのときキャッチの練習しておけばなぁ」「雨のときこそノックオンしやすいのに、わざとキャッチしてなかったよね。それが練習でするべきことなんじゃない?」など、サラッと言います。最終的には自己責任です。練習でやりきれなかった部分が試合で出て、評価として返ってくるのは自分です。昔はそのようなミスに対して怒鳴りつけることもありましたが、いまはゼロです。怒って指導することが、そもそもなくなりました。

マイナスを指摘するよりも、プラスのことを提示して「こうなれるといいよな」というふうに持っていくと、子どもたちの中から自発的に「こうなりたい」という気持ちが湧いてきます。その内発的動機づけを大切にしています。

そのために写真をたくさん撮り、映像を編集して、ビジュアルで見せるようにしています。

荷物の並べ方にしても、できていないことを指摘するのではなく、乱雑に置かれている写真をミーティングで見せて「どう思う?」と聞いて、子どもたちに話し合いをさせます。そうやって、自分たちでやることを決めていくと、それがカルチャーになっていきます。

見せるべきは、悪い例より良い例です。「この選手はこんな良いプレーをした」「荷物もしっかり整頓していた」と良い例を映像や写真で見せると、「静岡聖光はこういう部活なんだよな」と、子どもたちは改めて感じて、行動に移します。

そこで「しっかりプレーしろ」「ちゃんと並べて荷物を置け」と言ってやらせても、監督に言われたから、理由もわからずそうしているだけになってしまいます。その場しのぎの対処になるので、なんの意味もないですし、カルチャーにはなりません。

「俺たちが目指している姿はこれだよね」という気持ちが大切で、その積み重ねがカルチャーになるのです。

日本一、魅力のあるチームになる

ミッションとビジョンという言葉がありますが、静岡聖光のミッションは「日本一魅力のあるチームになること」。ビジョンが静岡県大会優勝、そして全国大会での打倒シード校です。

ミッションやビジョンを知った上で、「このスタイルのチームでラグビーがしたい」という子が入学してくれています。長時間練習がしたい、スパルタで鍛えてほしいんですという人は、うちの学校には合わないでしょう。

この学校はどんな学校で、どのような生徒を育てたいのかを理解することで、入学後に「こんなはずじゃなかった」というミスマッチを防ぐことができると思います。

2020年度まで、私が高校の監督を務めていましたが、2021年度からは奥村祥平コーチが監督になり、私が全体の統括と中学の監督になりました。

奥村コーチは、星野校長が監督をしていた頃からチームにいるので、静岡聖光ラグビー部の歴史をすべて知っています。私はこの学校に来て5年ですが、奥村コーチは在籍10年以上になります。指導力も申し分ないので、全幅の信頼を寄せています。

個人的な考えですが、監督が4、5年で変わるのは良いことだと思っています。監督が変わった当初はうまくいかないこともありますが、長い目で見ると、チームが成長する上で必要なことだと思います。

静岡聖光としてのカルチャーがある中で、それぞれの指導者が色付けしていく。それが結果として、チームの進化につながるはずです。

私はひとつ下の中学のカテゴリーから、静岡聖光のカルチャーを強固なものにするために、主体的なチーム作りに取り組んでいます。

いままでは高校からだった主体的なチーム作りを、中学年代からするとどうなるのか。どのような成長曲線を描くのか。試行錯誤の日々ですが、楽しくて仕方がありません。

私のミッションは、主体的なチーム作りで、子どもたちを成長させること。そしてなにより、ラグビーを好きになってもらうことです。

北海道でラグビーの指導を始めた頃、部員は7人しかいませんでした。「ラグビーやってみない？楽しいよ」と子どもたちに声をかけて、ラグビー部をスタートさせたのが、私の原点です。

あれから経験を重ね、2021年から中学年代の指導に携わることになりました。ラグビーの入り口にいる彼らに、どうやって楽しさを感じてもらうか。そのことに情熱を注いでいます。

リーダーを始め、役割を決める

私が中学の監督になっても、奥村コーチは静岡聖光のカルチャーである主体性を重視して、高校生の指導をしてくれています。選手同士の話し合いの時間をたくさんとり、そのためのフォーマットもあります。

ホワイトボードに攻撃、守備、トランジションと項目が書いてあり、それぞれのテーマにファシリテーターがいて、話し合いの仕方が決まっています。

グラウンドでプレーしていないチームの選手はミーティングをし、それ以外の選手はゲーム。時間が来たら選手が入れ変わり、試合をしていたチームはミーティング、ミーティングをしていたチームはゲームをするという形で、時間のムダがないように回していきます。

ミーティングでは、まず選手それぞれが感じたことを短く言って、『フィックスリーダー』を中心に最大2つ、次に取り組むことを絞ります。それをみんなで確認して「レディ セット」と言って手を叩きます。

ミーティングではダメ出しではなく、どう改善していくかを中心に話し合います。試合中、失点したあとはキックオフから始まりますが、その間にする話し合いを、練習中にするイメージです。

失点後にみんなで「お前が悪い」「なんで抜かれたんだ」と言い合っても仕方がないですよね。そうではなく、キックオフで何をするかを話し合い、狙いを共有するための時間にしています。

それと、「集中しよう」など、意味のないことを言うのも止めにしています。集中することの大切さはみんなわかっていますし、試合中は集中しているに決まっています。集中していないと、ケガをしてしまいますから。

その年によって、リーダーシップのある子が多い学年と少ない学年がいます。中心選手がいないときは6人ほどリーダーを立てて、この役割はこの選手が担当してという感じで、割り振っていきました。

リーダーを決めるのは選手たちです。リーダーはキャプテン1人、副キャプテン2人。主体性リーダー、オフザグラウンドリーダー、クラブキャプテンの6人です。

これがチーフとしての役割で、あとは用具リーダーや分析リーダーなど、全員が何かしらの役職に就いています。

たとえば戦術部門は何人かいて、その中にリーダーがいます。これも安芸南高校に見学に行ったときに、彼らがしていたことを参考にさせてもらっています。

私が「リーダー陣でミーティングをしよう」と言うと、チーフの6人と、1、2年生の学年リーダーが1人ずつ入って、8人でミーティングをします。

トレーニングは週3回しかなく、すべて私が見られないこともあるので、リーダーミーティングでチームの状況を聞くこともあります。

試合の日のタイムスケジュール、ウォーミングアップの内容、試合での戦い方なども、子どもたちが考えて実行に移しています。

そうすると、不思議なことが起こるようになりました。普通に考えれば、練習時間の少なさゆえ、体力に自信のない静岡聖光の選手たちは後半になると足が止まり、難しいゲームになるはずなのに、後半のスコアで相手を上回るようになったのです。

日頃から自分たちで考えて、作戦を練ってプレーしているので、ハーフタイムに修正できるようになってきたのです。その結果が後半のスコアに現れていると感じています。これが「思考の質で相手を上回る」です。

入学は中学受験のみ

静岡聖光ラグビー部の部員は中高50人ずつ、合計100人ほどです。定員は決めておらず、スカウトもしていません。

基本的には若干名の編入希望を除き、高校からは入学できないので、中学受験をして入ってきた子たちが高校に持ち上がりで入り、ラグビーを続けてくれています。

スポーツ特待生制度や特別入試もありません。中学入試でしか入ることができないので、中学3年生の時点で、ラグビー選手としての将来を嘱望されている、フィジカルエリートのような子が入学して来る環境にはないと言えます。

少子化の影響で、静岡県内の中高一貫の男子校は本校だけになりました。しかしながら、星野校長の手腕や先生方のグロースマインドセットのおかげで、生徒数は増えています。星野校長の学校経営はとても勉強になります。

夏休みや冬休みなど、長期休みは練習も休みです。寮生が帰省するので、物理的に学校のグラウンドで練習することができないという理由があります。

ただし夏休みの中頃に、1週間だけ菅平で合宿をします。その前後の2週間ずつがオフというイメージです。丸々一ヶ月、運動をしないのも良くないので、涼しいところで短期集中で体を動かします。ただし、菅平の夏合宿は試合が中心です。午前と午後に分けて、いろいろな高校と試合を行います。ただし、やりすぎないようにボリュームを調整しています。

子どもたちはオフの間、自主的にトレーニングを積んでいます。彼らに言っているのは、「夏休みの間にどこかを尖らせて戻って来よう」です。

長いオフの時間、自分と向き合って、長所を伸ばすのか、それとも短所を克服するのか。しっかりと考えて取り組んでほしい。これは強制ではないので、やれる人はやっています。

時短練習は良いことづくめ

部活動改革が叫ばれています。長時間活動の「ブラック部活」という言葉も耳にします。静岡聖光の練習は週に3日、夏は90分、冬は60分です。

ここに来る前、北海道で指導していた頃は長時間練習が当たり前でしたが、いまとなっては「時短練習は良いことしかない」と感じています。

なにより、練習の準備がしっかりできますし、映像を見て、選手個々のプレーを分析する時間もあります。

試合の映像を切り取って編集し、個人のフォルダに映像を保存している話をしましたが、練習を振り返るにしても、プレビューやレビューをするにしても、毎日練習をしていたら、時間がありません。練習をしっぱなしになってしまうので、どこまで効果的なのか……。

短時間練習のおかげで密度は増し、トレーニング効果がある取り組みができています。その結果が静岡県人会優勝、そして花園へとつながっていると、自信を持って言えます。

私は英語の教員なので、授業の準備もしっかりできますし、ラグビーの指導の勉強をする時間もあります。朝練を毎日やって、放課後も3、4時間練習。週末は試合や遠征となると、どうしても授業は二の次になってしまいますし、自分の指導をアップデートする余裕もありません。

生徒にとっても部活に多くの時間を割いていると、他のものに目を向ける時間も余裕もなくなります。視野を広げなければいけない10代の頃に、ひとつのことに打ち込むのは素晴らしい反面、危うさもあるのではないでしょうか。

教員のあり方としても、部活に100%で授業がおろそかになっていては本末転倒です。かつては「教科・分掌の研修会があるので、部活の引率はできません」と言うと、「その優先順位は部活の顧問としてどうなんだ」「せっかく、子どもたちは遠征に行きたいと言っているのに、顧問が付き添わなくてどうする」と言われる、もしくはそのように、周囲の教員から見られることがあったと思います。もしかしたら、いまもそう言われている人もいるかもしれません。

でも、教員が教科の指導・分掌業務を向上するために勉強をするのは当たり前のことです。その当たり前がしっかりできる静岡聖光の環境は、もしかしたら恵まれているのかもしれません。なんとも不思議なことですが……。

練習回数が少ないと体が大きくなる

個人的な考えとして、毎日の練習は必要ないと思います。静岡聖光から離れて、別の学校で指導をすることになったとしても、毎日は練習しないでしょう。週4回にはするかもしれませんが、強化を考えるとそれぐらいがちょうどいいと思います。

週3回練習の利点はいくつもありますが、その中のひとつに「体が大きくなること」があります。

これは静岡聖光に来て発見しました。

夏休みなどの長期のオフがあると、休み明け、子どもたちは体が大きくなって帰ってきます。成長期の子どもには、成長するためのエネルギーが必要です。ラグビーの練習はたくさんのエネルギーを消費するので、毎日練習していたら、食べても食べても追いつきません。多くの子どもたちは練習しすぎだと思います。

北海道時代、毎日練習していたときに「太れない」という子がたくさんいました。摂取カロリーと運動で消費するエネルギーのバランスがとれていないからです。その理由が、静岡聖光に来てわかりました。

練習が週3回で短時間、体が成長するエネルギーとカロリーを摂っていると、高2から高3にかけて、体がぐっと出来上がってきます。

ウェイトトレーニングは月に1度、大道泉ストレングスコーチがチェックしに来てくれます。食事に関しては、寮生は寮で頑張ってたくさん食べていますが、私が「これぐらい食べなさい」と決めたり、発破をかけることはありません。

週3練習だと、「1on1（個人面談）」をする時間もあります。部員が50人いても、昼休みに2人、3人と喋っていたら2、3週間で終わります。

個人面談はかしこまったものではなく、雑談のような感じです。「最近どう?」といった話から、中学生であれば「なんでラグビーを始めたの?」「ラグビー、楽しい?」など、そんな話もします。

時短練習の3つの柱

私はこれまで、短時間練習で結果を出してきたチームに見学に行き、たくさんのことを学びました。その中で、3つの柱があることに気がつきました。

それが「ゲーム(試合形式)中心の練習」「フォーマット化されたミーティング」「指導者が下級生にコミットすること」です。

短時間練習で結果を出しているチームは、どこもゲーム(試合形式)中心のトレーニングでした。基本的にゲームとミーティングの繰り返しです。

どこの部活も部員がたくさんいるので、4、5チームに分けて、2チームがゲームしてる間に、残りの2、3チームは子どもたちだけでミーティングをする。それをひたすら繰り返していました。上達するためには、いかに試合と同じ状況でトレーニングをするかが大切なので、そのやり方は理にかなっていると思います。

2つ目の「ミーティングのフォーマット化」については、リーダーシップコーチの小寺さんに協力していただきながら、ある程度形になりました。それがトーク&フィックスです。

3つ目は、下級生にコミットすることです。私は2021年度から中学生に携わるようになったので、さらに深く関わることができるのではないかと思っています。

私が高校の監督をしていたときは、トップチームを中心に見てしまっていました。練習回数が少なく、大会が続くスケジュールの中では、そうするしかありませんでしたが、とても反省しています。

しかし、2021年に奥村コーチが高校の監督、私が中学の監督になってからは、体制を少し変えました。高校、中学のスタッフが合同でミーティングをして、お互いに一週間のプランを出し、中学、高校の垣根なく、指導をする形です。中高の合同練習もします。

中学3年生と高校1年生が試合をすると、両方ともやる気が出るので、良いトレーニングになっています。

本物に会わせる

もちろんいままで通り、外部コーチの力も貸していただきながら、子どもたちが自分に必要なものをみつけて、取り入れてもらいたいと思っています。

小寺さんを始め、横井章アドバイザー、ストレングスコーチの大道泉さん、スクラムコーチの土屋貴裕さん、スプリントコーチの里大輔さん、セービングコーチの村田祐造さんなど、スペシャリストに来ていただき、教えてもらっています。

みなさん、静岡聖光のカルチャーである「主体性」「短時間練習で結果を出す」ところに共感していただき、力を貸してくれています。

スペシャリストに教わる中で、「自分に必要なのはこれだ」と理解して取り組むことで、内発的な動機づけになり、意欲も高まります。その環境を与えるのが、私の役目だと思っています。それこそが、静岡聖光でラグビーをする意味のひとつです。

スポーツの指導をしたいという理由で、教員になりたい人はたくさんいます。私もそうでした。教えたい熱意のある人は、自分で全部やりたくなってしまうもの。それは、裏を返せば、自己満足につながるおそれがあります。

「俺の言う通りにやれ」と言って、その通りに動けば満足、動かなければ「なんでやらないんだ!」と怒鳴る。かつての私はそんなコーチでした。

でも、いまになって思います。子どもを使って自己実現をしてはいけないのです。昔の自分を振り返り、戒めの意味も込めて伝えたいです。

自分が花園に行きたい。俺が勝たせるんだ。そう思っているうちは、勝てませんでした。選手の考

スクラムの練習は年10回程度、スクラムコーチが来てくれたときだけ行う

えを尊重し、外部コーチの力を借りてチーム作りを始めたら、勝てるようになりました。

スクラムについても、かつては私が指導をしていました。しかし、スクラムを専門に指導するコーチに教わった方が上手くなると気づいてからは、お任せしています。

セービングも同様です。課題に対してアプローチするために、適した人材を見つけることが私の仕事です。

外部のスペシャリストをコーチとして呼ぶ際には「本物」の方に来てもらいたいと思っています。セービングコーチの村田祐造さんは東大から社会人ラグビーの三洋電機（現・パナソニック）に進んだ異色の経歴の方ですが、「そんなすごい人がいるんだ」と身近に感じることで、自分の将来像としてリアルに描くことができます。その刺激を与えたいのです。

なかには、「自分より指導力がある人が来たら、立場がなくなる」と感じて、外部コーチを呼ぶのを嫌がる人もいます。

私は自分のチームに来てもらい、良かったコーチを他のチームに紹介することがあります。強いチーム、結果を出しているチームは、「これはいい」と思ったらすぐに真似して、取り入れます。マインドが違うんです。

指導を始める人は、そのスポーツが好きで教えたい、教えてうまくしてあげたいという気持ちが出発点になることが多いです。私もそうでした。

自分が教えたらうまくなって、試合に勝てるぞと。そのため、「教える」というアプローチになりがちです。かつての私は選手のコントローラーを握っているようでした。

そのスタンスではだめなんだと、2017年に静岡県大会の決勝で東海大翔洋に負けて気がつきました。もっと早く気づいていれば……と、いまでも申し訳なく思っています。

コーチではなくファシリテーターであれ

そもそも私は教育大学出身で英語の教員です。大学時代に部活の指導やスポーツ指導の仕方を教わったことはありません。

北海道で指導を始めた頃は、熱血指導で厳しくやれば、子どもたちは伸びて、試合でも勝てると思っていました。そのやり方でもある程度は結果が出ますが、いまではその方法が間違っていたと痛感しています。

スポーツの技術、戦術は急速に進化しています。コーチングも同様に、YouTubeを見れば、多くの素晴らしい選手、指導者たちがノウハウをオープンにしている時代です。

そんな中で、何もかもを自分ひとりの力でやるメリットはどこにあるのでしょうか？

私が指導を始めた20年前は、選手を囲って外界との関わりを極力少なくして、「監督の言うことが絶対。俺の言う通りにすればいいんだ」という指導もできました。

でも、いまはインターネットやSNSの発達により、他のチームがどのようなトレーニングをしているのかがすぐにわかります。保護者だって、時代錯誤なことをしていたら気づき、声を上げるでしょう。

一昔前は、厳しい監督が恫喝的な指導をすることは良しとされていました。

「あの先生は熱心だ」「子どもたちのためを思って言ってくれている」といったように、厳しく指導するのが良い指導者だと、肯定的にとらえられた時代がありました。

いまはそのような時代ではないにも関わらず、教員という閉ざされた環境にいると、外部の変化に気づきにくく、変わらずとも日々の業務を送ることができてしまいます。

そんな我々教員が接している子どもたちは、5年後、10年後、社会に出て働き、評価される環境に放り込まれます。

変化の激しい現代、そして未来を生きる彼らに、20年前と同じ指導をしていていいのでしょうか。私はノーだと思います。

そのような考えもあり、静岡聖光ラグビー部には、様々なスペシャリストに指導に来ていただいています。

私の仕事は現場でコーチングをすることではなく（もちろんすることもありますが）、そのようなスペシャリストに来ていただく環境を作ること。コーチというよりもマネージャーやファシリテーターの役割に近いと思っています。

挑戦には野心や期待感が必要で、「この取り組みを続けて、花園で成果を出すぞ」「質を追い求めよう」「歴史を作ろうぜ！」とワクワクすることができれば、前向きに取り組みます。他と違うことをしていることが、自信にもつながります。そしてさらに前向きに取り組むというサイクルが出来上がっています。

私自身、もっと早く、「自分のしてきた指導ではだめだ」と気がつくタイミングがありました。北海道で指導をしていた頃、北北海道大会の決勝で負けたときに、気がつかなければいけなかった。いまはそう思います。

20代の頃は「自分がチームの中心にいたい」「涙・涙で胴上げされる自分」のようなイメージを描いていました。

2018年に監督として、初めて花園に行きましたが、静岡県大会の決勝で勝ったときに、涙は1ミリも出ませんでした。ずっと笑顔でした。自分のことよりも、この子たち、頼もしいなという気持ちが先立ちました。

そのときに、自分はコーチやトレーナーではなく、ファシリテーターなんだと。目標に向かって、子どもたちをファシリテートするのが仕事なんだと、改めて実感しました。

2 主体性指導で花園へ

畑喜美夫先生との出会い

私は2015年に、現校長の星野明宏先生にお声がけいただき、静岡聖光学院に赴任しました。最初は「中高一貫指導ヘッドコーチ」という肩書でした。

翌2016年に高校の監督になり、2021年から中高の統括と中学監督をしています。

静岡聖光に来る前は、北海道の札幌南陵高校、羽幌高校、札幌厚別高校で指導をし、高校ジャパン(U-18)のテクニカルコーチに選ばれるなど、「自分はイケてるコーチだ」と勘違いしていた時期もありました。

北海道時代に、指導力と実績のある星野先生に声をかけられたことも、過信に拍車をかける要因だったのかもしれません。

静岡聖光に来てからも、中竹竜二監督率いるU-20日本代表のアナリストに選ばれ、ミーティングや分析を担当。世界大会で南アフリカやフランスといった強豪と試合をし、好勝負を演じる中で、どんどん自信をつけていました。

北海道時代から、中竹さんや羽幌高校OBで明治大学ラグビー部で監督を務めた丹羽政彦さんなど、素晴らしい指導者のもとで勉強をする機会をいただきました。

選手として、指導者として実績のなかった私は、様々な指導者のもとに出向き、練習を見学させていただいたり、本や映像で勉強を続けていたのです。

その中で、気になる指導者がいました。それが当時、安芸南高校サッカー部の監督を務めていた、畑喜美夫先生です。

『子どもが自ら考えて行動する力を引き出す 魔法のサッカーコーチング ボトムアップ理論で自立心を養う』（カンゼン）という畑先生の本を読んで、ここに書いてあることは嘘に違いない、こんなことあるわけないと思っていたんです（笑）。

当時は北海道にいたので、広島はかなりの遠方です。その後、静岡聖光に来てから広島が近くなったので、真っ先に見学に行かせていただきました。

安芸南高校に行って、驚きました。本に書いてあることが嘘なんてもんじゃない。本に書いている以上のことをしていたのです。これはすごいと、驚きを通り越して感動しました。畑先生はオープンマインドなので、すべて見せてくれて、次々に湧き出てくる質問にも答えてくれました。

畑先生に大いに刺激を受けた私は、２０１５年の新人戦が終わり、新チームになると同時に選手の主体性を重視し、ミーティングをメインとしたチーム運営にシフトチェンジしました。「このスタイルしかない！」とピンと来たのです。

そして、リーダーシップコーチの小寺さんにお願いをして、ファシリテーターを養成することにしました。選手たちの話し合いがスムーズに行くように、議論を先導するための心構えや考え方などを教えてもらったのです。

ですが、当時の私は「主体性でチームを運営していく」と言っていたにも関わらず、練習内容は自分で決め、ハーフタイムでは自分が率先して話をし、結論を伝えていました。

試合中に選手を怒ることもありました。子どもたちも小寺さんも、「言っていることと、やっていることが矛盾してない?」と感じていたと思います。せっかく買ったミーティング用のホワイトボードも、いつしかグラウンドの隅に追いやられていました。

私がそのようなスタンスだったので、主体性でのチーム運営は当然うまくいきません。

それでも、チームは好調で新人戦で優勝しました。その代は中学時代は一度も静岡で優勝したことがないにも関わらず、優勝してしまったので、私もすっかり勘違いして……。

その年は私が分析した結果を子どもたちに伝え、対策まで教え込んでいました。そして、その通りに動くという練習を1年間やりました。

ちょうどその頃、U-20日本代表のコーチとして、世界大会に行っていたので、「高校レベルだったら、自分の分析があれば勝てる」と勘違いしていたのです。

2016年の高校ラグビー静岡県大会では、春の大会では4番手だったのですが、準決勝で東海大翔洋に勝ち、決勝に進みました。決勝で浜松工業に負けたのですが、4番手がシード校を倒して決勝まで行ったことに興奮して、そのままではダメなことに気づくことができなかったのです。やっぱり、自分の指導は間違っていないぐらいに思っていました。

自分の指示どおりにプレーさせ、花園行きを逃す

そして2017年。期待されていた学年が上がってきました。「今年は絶対に花園に行くぞ！」と鼻息荒く、完全に監督である私が主役になっていました。

そのような考えだったので、主体性指導も中途半端で、私が先頭に立って指導をする日々。私が相手を分析し、子どもたちには「このプレーはダメだから、こう改善しなさい」とトップダウンで伝えていました。

選手たちの意見は聞かず、自分の基準に照らし合わせて「悪いプレー」と判断していたのです。「なぜそのプレーをしたの？」と聞くこともなく、答えだけを教えて、その通りにプレーするような指導をしていました。

完全に選手を駒としか見ていなかったのですが、みんな良い子たちなので、私が言う通りに必死にやろうとしてくれるんです。私が言ったことを信じて、とにかく必死に頑張ってくれました。

2017年静岡大会決勝は12対15で惜敗。この敗戦でトップダウン型指導に限界を感じた

2017年の高校ラグビー静岡県大会も決勝まで進み、東海大翔洋との大一番を迎えました。この試合はこれまで同様、私が分析して、指示通りにプレーさせました。

その指示が「強いフォワードプレイヤーたちで、ボールキープをして確実に前進する」というものでした。彼らは素直なので、私の言う通りにプレーします。

でも映像を見返すと、こちらの8人のフォワードが1か所に集まっているのだから、相手もそこに人数をかけてきます。外を見渡せばフリーの味方がいるのに、私の指示通りに、愚直に近場を攻めて押し込もうとしました。

もし、私が「近場を攻めろ」と指示しなければ、手薄なところにボールを回してトライできていたかもしれません。しかし当時の私は、主体性とは名ばかりのトップダウン型の指導をしていたので、子どもたちに考える余地を与えていませんでした。

結果、あと一歩及ばず。12対15で負けてしまいました。

最後の場面は、子どもたちの感覚で「パスを回して外から攻めよう」となっていれば、トライしてサヨナラ勝ちができたかもしれないのに……。

この試合の後、キャプテンに泣きながらこう言われました。

「先生が僕たちのことを信じて任せてくれたのに、勝てなくてすいませんでした」と。

その言葉を聞いたときに、「自分の言う通りにやらせていたのに……」とがく然として、この敗戦は全部自分の責任だ。もう学校を辞めるしかないと思いつめました。

当時は試合前にジャージを渡すとき、キャプテンに「任せたぞ」と言って握手をしていました。でも、それは言葉ばかりの「任せたぞ」で、本当の意味で任せてはいませんでした。私の言う通りにやらせていたわけですから。「俺の言った通りにやれよ。任せたぞ」という意味だったのです。

当時の私は、「自分は優秀な指導者だ。試合に勝って見せつけてやる」ぐらいの気持ちでした。そんな考え方では一生勝てないというのは、いまならわかります。でも、当時はまったく気づいていませんでした。

子どもが主役なのだと気がつく

2017年の敗戦はあまりにもショックでした。素直に頑張ってきた子たちにこんな思いをさせて、指導者失格だ。もう指導に携わってはいけないとまで思いました。

子どもたちに「先生は僕たちを信じて委ねてくれたのに……。花園に連れていけなくてすいませんでした」と号泣されて、こっちも申し訳なさに号泣です。

大会後、星野先生に「責任をとって辞めます」と伝えたのですが、受理してもらえず、翌年の2018年も指揮を執ることになりました。

この年も新人戦で優勝しました。その後の東海大会で2位以上になると、春の全国大会に出場することができます。2位以上を決める関商工校（岐阜）との試合で残りわずかのときに、ラストワンプレーでトライし、ど真ん中からコンバージョンキックのチャンスが巡ってきました。これが入れば同点で、抽選で全国大会に出られるかどうかが決まります。

その大チャンスに、まさかのキック失敗。みんな膝から崩れ落ちて、「佐々木って、勝つための運を持っていないんじゃないか?」となり、また星野先生に「辞めます」と言いに行くのですが、突き返されて……。

続く7人制の大会でも、浜松工業との決勝は延長戦でサヨナラ負け。このように結果が出なかったにも関わらず、私の指導スタイルは変わりきれないまま。「自分の指導でこの子たちを勝たせるんだ」という考えで、突き進んでいました。

とはいえ、どうすればいいんだと悩む日々は続きます。

もう一度、胸に手を当てて「子どもたちに、どんな力をつけてほしいか」を考え直しました。そこで改めて「主体的に考えて、行動できる力をつけてほしい」という考えに至ったのです。

時を同じくして、『部活動サミット』の開催も、新たな指導スタイルに舵を切るヒントになりました。これは、短時間練習で結果を出していた安芸南高校に、子どもたちが見学に行ったことがきっかけで生まれた企画です。

競技に関係なく、短時間練習で全国大会に出場している学校が集まり、取り組みについて話し合うことで、さらなるレベルアップにつなげようというイベントでした。

ラグビー部の子どもたちが中心になって企画し、「短時間練習で全国ベスト8以上」という結果を残しているチームをピックアップしました。

その一貫で、私は各学校に足を運び、練習を見学させていただきました。その後、静岡聖光に各学校の先生や生徒が集まり、サミットを開催しました。

時短練習で結果を出すチームに共通していたのが、指導者が「子どもが主役」という考えを持っていたことです。

そこで、私はハッとしました。それまではずっと私が主役で、悲劇の主人公になっていたことに気づいたからです。私が怨念を晴らさない限り全国には行けない、自分には何かが足りないとか……。

そんな中でありがたかったのが、奥村コーチ（現・高校監督）をはじめとするコーチ陣が、私に寄り添ってくれたことです。

とくに奥村コーチはブレずに支えてくれたので、感謝してもしきれません。2021年から、私の後を継いで高校の監督になったので、全力でサポートすることが、恩返しになると思っています。

トップダウンからボトムアップへ

部活動サミットを経て、私のスタイルはこれまでのトップダウンからボトムアップ、子どもたちの主体性を重視する指導へと変わっていきました。

最初に取り掛かったのは、ミーティングのやり方を決めることです。

短時間練習で結果を出しているチームは、どのチームもゲーム（試合）とミーティングが練習の中心でした。

ミーティングにはフォーマットがあります。安芸南高校サッカー部では、グラウンドにホワイトボードと椅子があり、ファシリテーターがいて、みんなで攻撃、守備の要素を書き出して、うまくいってるかどうかをゲームが終わるたびに確認していました。

ミーティングの進め方に、メソッドがあったのです。

静岡聖光には小寺さんがいるので、ミーティングのフォーマットを決めてもらいました。それがいまも受け継がれている「トーク&フィックス」という方法です。

これは小寺さんの前職であるリクルートで使っていたフォーマットだそうです。結論を出すことを「フィックスする」と言うそうで、話し合って結論を出すところまでをワンセットにしました。そこに私を始め、コーチは口出しをしないことに決めました。

小寺さんには「リーダーシップコーチ」という肩書で、2016年から年に4、5回来てもらっていました。夏合宿には1週間来てもらったこともあります。

ですが、最初に来ていただいた2016年の私は、オールドスタイルのまま。ベンチで試合を見ていて、ミスに対して怒鳴ることもありました。

2017年に県大会決勝で東海大翔洋に負けて、指導スタイルを変えてからは、怒ることもなくなりました。小寺さんには「だいぶ変わりましたよね」と言われます。

2018年の部活動サミットに関わる中で、「いままでのように、すべて自分が指示するのはやめよう」と感じた出来事がありました。

子どもたちが小寺さんに教わった「トーク＆フィックス」をしているのを聞いていたら、私が言おうと思っていたことと同じようなことを言っていたのです。

静岡聖光には監督の私以外にも各部門のコーチがいるので、私が結論を言わなくても、自分たちで情報を整理して、最終的に子どもたちが何をチョイスするのかが決まればＯＫ。そこに私が口出しをすると、余計にややこしくなるのではと感じました。

子どもたちの話し合いを聞いていても、どんどん進化しているのを感じたので、「これからは、私が指示するのをやめるので、みんなで話し合って決めよう」と言ったところ、彼らは「はい、わかりました」とすんなり受け入れました。もう少し「いや、指示してください」と言われるかなと思っていたのですが（笑）。そこから、チームは急激に伸びていきました。

指導を変えて、2年連続で花園に出場

私が先頭に立って指導するスタイルから、子どもたちが主役の主体性スタイルに変えたところ、2018年、2019年と静岡県で2年連続優勝し、花園に行くことができました。

とくに1年目は、指導スタイルと子どもたちの特性がマッチしました。比較的、勉強ができる子が

多く、主体性の取り組みを理解してくれたことが大きかったと思います。

2018年の静岡県大会の準決勝で、ある選手がイエローカードを受けて、ハーフタイムになりました。前半19対0と点差が開いた状態とはいえ、かなり怪しい雲行きです。

ハーフタイムのミーティングで、彼らがどうするかを見ていたら、私が考えていたことと同じ内容の、完璧な対策を話し合っていました。後半戦、その対策が的中して、大差で勝利し、決勝に進出。

その姿を見たときに、畑先生が仰っていた「高校生の力はすごいよ。侮ったらいけないよ」という言葉を思い出しました。「すごい力を持っているんだから、任せればできるんだよ」という通りの結果になったのです。

続く、浜松工業との決勝戦も、前半終了間際にトライされたのですが、彼らの様子を見ていると「後半、引き離すだろうな」と確信しました。そうしたら案の定、後半爆発して56対7で圧勝。これはすごいと思いました。

普段から、彼らが中心となってミーティングをして、ゲームをして、またミーティングをするという繰り返しの中で、対応策や戦術の引き出しが増えたことが要因だと思います。前年の東海大翔洋との決勝戦で、できなかったことがすべてできた試合でした。

そのときに、「子どもたちに委ねたら、これほどの爆発力があるんだ」と感動したことを覚えています。

その年のラグビー雑誌に「静岡聖光は円陣が肝。思考の質で勝つスタイル。ゲーム中に選手同士で課題を見出し、解決することを意識してきた」と書いてもらいました。こんなチーム、他にはありません。

2018年の躍進から、主体性でチームを運営していくことは確固たるものになりました。同時に、静岡聖光の生徒が目指す姿と合致することも確信しました。

子どもたちが主役の主体性スタイルに指導を変え、監督就任3年目で初の花園出場を決めた

彼らが将来自立して、ビジネスを起こしたり、社会に出て働くために必要なマインドを、ラグビーというスポーツを通して学ぶことができる。これしかないと思いました。

休みの日も練習して、ハードに鍛え上げて「絶対に花園に行くぞ!」とやってしまったら、学校のカルチャーにも合わず、子どもや親の求めるものとずれてしまいます。

北海道時代、私は毎日激しい練習を課していたので、ラグビー部に勧誘した子の親に「なんでうちの子にラグビーをさせるんですか」と質問をつきつけられたときに、自信を持って答えることができませんでした。でも、いまなら胸を張って言うことができます。

「この子が将来、社会に出ていったときに必要なことが、ラグビーで学ぶことができます。仲間のために体を張ること。自己犠牲の精神。我慢すること、投げ出さないこと、立ち向かって行くこと。そしてリーダーシップ。先輩たちを見てください。静岡聖光のラグビー部に入ると、将来あのような姿になるでしょう。だから、ラグビーをやりませんか?」

監督就任3年目、初の花園へ

2018年の年末。静岡聖光の監督になって3年目に、初めて花園の舞台に立ちました。これまで

の自分であれば「初めての全国大会で、指導者としての力を見せてやるぞ！」と意気込んでいたことでしょう。

でも、それまでにたくさんの失敗をしてきたので、「主役は子どもたちだ」というのはブレないようにしようと決めていました。

花園に行くことが決まったときに、「みんなは花園で何を残したい？」と話し合いをしました。そこで彼らから出てきた答えが「花園で、静岡聖光の主体性の風を吹かせたい」でした。

「全国大会でトーク＆フィックスの円陣をして、輝いている姿を残したい」と言うので、「それはいいね。わかった」と言いました。

1回戦の相手はシード校と同等の力があると言われていた、宮崎県立高鍋高校です。

組み合わせが決まったときに、「このブロックは高鍋

高鍋戦ではジャンパーを変更、ラインアウトでも優勢に立ち、
試合を優位に進めることができた

が上がるかもしれない」と言われるほど、前評判の高いチームでした。

花園に向けた大会前。私は学校の国際サミット引率で、インドに3週間出張に行っていました。トレーニングは奥村コーチが見ていて、監督である私は長期間不在です。全国大会直前に、監督が3週間もいないなんて、普通はありえません。

でも、その頃はチームに主体性が浸透していたので、落ち着いていられました。私がしたことといえば、対戦相手の高鍋高校の動画を切り抜いて送っていただけ。「相手のラインアウトは何秒で、この高さまで来ている」と数字を出して、「どうする?」とチームのLINEに送りました。

高鍋のラインアウトは高くてスピードがあり、対策をしなければ、相手に捕られてしまうと感じました。

映像を見ても、高鍋の選手たちはラインアウトに自信を持っているのがわかります。
ということは、ラインアウトで我々が上回れば、彼らが取り組んできた強みを消すことができるのではないか。そう考えました。

静岡聖光は練習時間が短いので、スタミナやフィジカルでは相手に分があります。自分たちと対戦相手の「強み・弱み」を把握したうえで、「勝負のカギ」を見極めること。そして「リスクバランス」を図りつつ、「絞りと集中」によって「所定の時間」内で勝つための「ロジック」を見出すことが求められます。

ラインアウトのような起点になるプレーで、頭を使ってマイボールにすることは、試合の結果に直結します。相手ボールになると、走り回ってディフェンスをしなければいけません。長時間練習をしない我々としては、ただでさえないスタミナを削り取られてしまいます。

静岡聖光のラインアウトを分析すると、リフトのスピードはいいのですが、高さという点では高鍋には及びませんでした。

映像を細かく見ていくと、うちの子たちはジャンパーの腰やお尻のあたりを持って、持ち上げていました。一方、高鍋の選手はふとももを持ち上げていました。それに気がついて、子どもたちに「どうする?」と尋ねました。おそらく、高鍋のような持ち上げ方に変えるだろうと思っていたら、「ジャンパーを変えます」と言いました。

当初の選手よりも身長が低く、体重が軽い選手をジャンパーにしたのです。そして、当初飛んでいた選手を、持ち上げる側にチェンジしました。

その変更がハマり、高鍋戦では相手のラインアウトを半分ぐらいカットして、我々のペースに持ち込むことができました。これも彼らが主体性を発揮した、素晴らしいプレーだったと思います。

物議を醸した、独自の攻撃

私が3週間のインド出張から帰ってきて、グラウンドに顔を出すと、高鍋戦に向けた準備は順調に進んでいました。ラインアウトの対策をし、相手のアタックパターンも抑えていました。

さらには、オリジナルの戦術も編み出していました。それが「くるくるモール」です。相手の圧力に対して、選手がローテーションしながら回避して前進するプレーなのですが、試合後に「あんなのはラグビーではない」などの物議を醸しました。それぐらい独創的なアイデアだったのです。突飛なプレーに、高鍋の選手たちはタックルに入ることができませんでした。

私はベンチで見て、びっくりしました。「選手たちがくるくる回りだしたぞ!」と。彼らがどんな裏技を持っているかは、私も知らなかったのです。ちなみにこの戦術はSNSで他県の試合を見てアイデアを得たそうです。

格上の相手に勝つには、当たり前にできることをしっかりやることが第一。その上でオリジナルな裏技を繰り出す。そうすることでアップセットの可能性が高くなります。

大事なのは、どの状況で裏技を出すか。早めに出しすぎて、対策を立てられたら終わりです。もっとも効果的なタイミングはどこなのかを、彼らは事前に話し合っていました。

選手間のコミュニケーションは、トーク&フィックスを通じて磨いてきたストロングポイントです。試合中に「まだ出すのは早い。後半のこの場面で行くぞ」と言って、シナリオ通りに試合を進めました。

くるくるモールは2回戦からは禁止になってしまいましたが、彼らの発想に度肝を抜かれると同時に、頼もしさを感じたことを覚えています。

選手たち自らが考えたオリジナル戦術「くるくるモール」が効果を発揮した

高鍋戦では、攻撃はくるくるモール、守備は出足の鋭いディフェンスを披露したいと、子どもたちの間で話し合っていました。

主体練を通じて、スクラムハーフの選手は4秒でキックを蹴られるように仕上げました。そのようにして、戦術に必要な技術のピースが埋まってくると、チームとしてイメージした戦い方ができます。

同時に、相手のストロングポイントでもある「ディフェンスラインの素早い上がり」を封じることができます。高鍋の選手たちが一年間かけて練習してきたものを、試合で発揮させずに勝つ。これが静岡聖光の狙いです。

当時の映像を持っている人は、ぜひ見返してみてください。我々はキックオフ、ハイパントキックとも、28mを4秒で上げ、人数をかけてボールを奪い、

花園初戦は前評判の高かった高鍋高校（宮崎）に見事逆転勝利

前進を図っています。ボールを下げることはほぼありません。このようにして試合の主導権を握り、強豪を追い詰めていきました。結果22対16で逆転勝利を収めました。

2回戦は、東北チャンピオンのシード校・黒沢尻工業高校（岩手）相手でしたが、徹底した戦いを披露し、12対17の5点差まで迫ることができました。

負けていても、円陣では笑顔

分析に関しては、子どもたちだけでは手が回らないところもあるので、私もやるようにしています。かつては分析結果と対策を伝えて「こうしなさい」とトップダウンで指示をしていたのですが、いまは現象だけを伝えて「どうするかは、自分たちで考えて決めよう」というスタンスにしています。そうすると、私が思いもよらなかったアイデアが出てきます。そのひとつが、高鍋戦で見せた、くるくるモールです。

SNSで話題になるほど、独創的なプレーでした。私や奥村コーチもそんな技を持っているとは知らず、右回転でタッチラインを割りそうになったところで逆回転をし始めたので「左回転もあるの!?」と驚いたほどでした。

これこそが自主性と主体性です。自主性は決められたことに対して、ちゃんとできること。主体性は、決められたことをしっかりこなしたうえに、プラスアルファを作ることです。それを花園で体現してくれたわけですから、ベンチで見ていて頼もしかったですし、うれしかったです。

高鍋戦では、ハーフタイムの様子がテレビ中継に映っていました。相手にリードされている中で、笑顔で円陣を組み、後半に臨みました。

私は子どもたちに、自主性、主体性を発揮して、課題解決ができる人材になってほしいと思っています。

あいさつをする、宿題をする。28mを4秒で走る……。与えられた課題に対して、やらされるのではなく、自ら取り組むのが自主性です。そして、主体性はそれらの課題に対してより良くする、プラスアルファをもたらすことです。

そのプラスアルファの部分が、相手を上回るポイントになります。

試合は事前分析通りには行きません。そうなったときに、プラスアルファの対応力や変換力を駆使して、現場で対応しなければいけない。そのときに主体性が活きてくるわけです。

主体性を身につけるために、日々の主体練があります。自分で課題をみつけて取り組み、試合の中で活かす。主体性をもとに、課題を解決するための取り組みです。

映像を渡し、どうするかは任せる

大会が近づくと、対戦相手の映像を分析して、「相手はこうやって来るけど、どうする?」と投げかけます。どうするかを考えるのは子どもたちです。

ラグビーは複雑なので、試合の映像をそのまま渡しても、焦点を絞るのが難しいことがあります。そのため、私が映像を見て、相手のプレーのパターンがわかったら、映像を編集して渡しています。それに対して、どうするかを子どもたちが話し合って決めます。答えはトレーニングの中で確認しますが、だいたいそれで合っているんですよね。

高校生の力は計り知れないものがあります。自分たちで、「この試合はこれとこれを頑張ろう」と決めて、やりきろうと一つになったときのパワーはすごいです。

2018年に花園に出たときもそうでした。久しぶりに花園に出たこともあり、「静岡聖光は花園で何を見せたいか」に力を注ぎました。

そこで「スコアは気にしなくていいから、これとこれを試合中、頑張り続けよう」と言ったら、試合に勝つんです。準備してきたもの、自分たちが見せたいと思うことを、チームが一つになって発揮することができれば、結果につながります。

そこで「なんとしてでも勝つぞ!」と、結果だけに意識が行き過ぎて、「勝たなければいけない」となってしまうと、ウォーミングアップのときに声が小さいだけで、監督から喝が入るわけです。過去の私はそうでした。

「元気のないウォーミングアップをしているからダメなんだ」「こんな雰囲気じゃ負けるぞ！」といったように。でも、そんなの関係ありません。私がピリついた雰囲気を作って、選手たちのお尻を叩いて、ウォーミングアップで「行くぞ！」「ハイ！」といった統制の取れた雰囲気を作ったとしても、それで試合に勝てるかどうかは別の話です。でも、そうしないと監督である自分が不安なんですよね。

かつてはそのような心境でしたが、いまは子どもたちに任せて、気配を消しています。チームのカルチャーとして、それでうまくいっているので良いと思っています。

分析が的中し、花園で快勝

2019年の代は前年より力が落ちると思っていたのですが、静岡聖光のカルチャーで勝った年でした。試合で円陣を組んでいるだけで相手が考えすぎて、勝手にタックルが弱くなっていったこともありました。7人制も含めて、静岡県内では1年間のすべての大会で優勝することができました。

シーズンを通してケガ人が多くて苦労したのですが、目くじら立てずにニコニコしながら「いつも通り、自分たちで決めたことをやって、うちのカルチャーをグラウンドで出そう。輝いて来いよ」といった感じて子どもたちを送り出したら、試合に勝つんです。これはとてつもない発見でした。

静岡県大会決勝では東海大翔洋に17対12で勝ちました。この試合は前半、「太陽の向きと相性が悪く、キックが捕りにくかった」という反省を生かし、後半はそれを戦術に組み込んで勝ちました。それまで練習していた戦術ではないのに、試合の状況から解決策を導き出したのです。

それを選手から試合後に聞いて、「すごいな。大事なのはそういうことだよな」と感心しました。この力があれば、卒業して社会に出たときにも通用するのではないか。そんなことを思いました。

また試合後、リーダーシップコーチの小寺さんはご自身のSNSに、次のような感想を書いておられました。

【やってきたことを信じてやり抜く勇気】

本日の高校ラグビー静岡県大会決勝戦を17対12という僅差で制し、見事に2連覇を果たした、静岡聖光学院高校ラグビー部。見ていてヒヤヒヤする試合展開でした。

前半なかなか良い流れを作れず、相手が勢いづいた状態で5対5の同点でハーフタイム。相手チームは監督を中心に円陣を組み、後半に向けての具体的な指示が飛ぶ中、こちらの監督とコーチ陣は観客席に座ったまま。ハーフタイムは選手だけがグラウンドにいて、水分補給をしながら話し合っている、いつもの光景でした。

あの状況なら、指示の1つくらい出したくなる（本来は出すべき）はずなのに、ポリシーを貫いた佐々木監督は、本当に勇気があると思いました。

そして後半、修正点を改善し、17対12の1トライ差で勝利。やってきたことを信じて、やり抜くことって大切だけど、大変なことなんだと身をもって体験しました。

これで2年連続の花園出場。きっと日本一「練習量（90分週3回）」と「監督からの指示」が少ない全国大会出場チームとなることでしょう。

全国でもぜひその聖光スタイルを貫いてほしい。佐々木監督、選手のみんな、本当にお疲れ様でした！


2019年に花園で名護高校（沖縄）と試合をしたときは、主体性のスタイルが洗練されてきて、相手が嫌がっているのを感じました。我々の圧力でノックオンをするようになり、試合が優位に進んでいきました。

これは、スプリントコーチの里大輔さんに鍛えてもらった部分が大きいです。

初戦の名護（沖縄）戦は主体性のスタイルも洗礼され、終始主導権を握ることができた

「28mを4秒でスプリントする」という目標を掲げ、「ここでアクセルを踏んで、ここでリラックスして、ここで回転数を上げる」といったことを教わり、できるようになりました。

名護のアタックを分析したところ、「3人1組で攻撃をする」という戦術でした。ジャパンに似たスタイルで、相手DFを寄せてから、空いたスペースにボールを運んで展開していきます。

そこで、まずはボールを持つ3人に対してディフェンスをし、前に出させない。押し下げることを徹底しました。これは我々が得意とする「相手が上手くいくという前提で積み上げてきたストーリーを破壊する」という戦い方です。

次にスクラムからのアタックを分析すると、必ず10番がボールを持って仕掛け、四角形を作って誰かに放っていました。その映像を見せて「どう対策する?」と子どもたちに聞いたら、「僕らは5mを1.5秒で上がるので、10番と12番のところでぶつかりますね」と言いました。実際に試合をすると、その通りにぶつかり、ボールを奪っていました。

そうなると快感です。花園まで行くと、彼らは本当にたくましくなります。自分たちで考えて、対策を練って披露する。このプロセスを注目の集まる舞台でできるので、モチベーションも高まります。

名護戦では「セービング」もキープレーとして挙げていました。キックやハードディフェンスをすると、ボールが落ちることが多くなります。「そのボールを5-5ではなく、7-3で捕れるようになると、試合を制圧できるんじゃない?」と言いました。

そしてセービング力を高めるために、セービングを教えてもらうコーチを呼びました。東京大学から社会人ラグビーに進んだ村田祐造さんです。

村田さんに2度ほどグラウンドに来てトレーニングをしてもらい、名護との試合を迎えました。その甲斐があり、鍛えたセービングで相手が落としたボールを捕ることができ、主導権を握ることができました。

この年の花園では、2回戦でシード校の流通経済大学附属柏高校(千葉)と対戦しました。結果は5対56で敗れたのですが、準備してきたタックルやセービングでボールを奪うシーンもあり、強豪相手に怯むことなく戦えていたことは素晴らしかったと思います。キック、スプリント、セービングと、花園に向けて主体的に積み上げたことが出せたという意味では、良い試合でした。

残り時間を常に意識する

戦術には流行りがあります。私は、選手たちの長所・短所と相手チームの戦術によって、自分たちの戦術を決めるべきだと考えています。パナソニックも、福岡堅樹選手を始めスピードランナー・ボールキープできる選手・ディシジョンメイクできる選手がいるからポッドアタックができるわけです。

それに加えて「残り時間」も考える必要があります。具体的には目標とする試合、大会に向けて、あとどのぐらい練習ができるかです。

静岡聖光の場合、練習は週に3回、夏は90分、冬は60分と限られています。その中で、どこまで戦術を積み上げられるかをイメージして、プランニングすること。対戦相手をスコアで上回るためにどうするか。その理屈を立てることが重要なのです。

意外と、この視点を持っている指導者は少ないのではないでしょうか。流行っている戦術だからという理由で取り入れても、上手くいかないことの方が多いように感じます。

大切なのはストーリー。勝つためのシナリオです。この戦い方をすれば、相手からボールを奪うことができる。得点することができる。そのために、この練習をしよう。試合まで後何回練習ができて、どんなトレーニングをどのぐらいするのか。このレベルまで完成度を高めることができれば、試合で発揮できるのではないか。そして、相手に勝てるのではないか。そこまでのストーリーが重要なのです。やみくもに、何にも考えずにする練習に意味はありません。試合で使わないプレーを練習している時間はないのです。

試合時のウォーミングアップも同じです。試合でこのプレーをしたいから、このウォーミングアップをする。当たり前のことですが、他のチームのウォーミングアップを見ていても、試合とは関係のないことをしている場面が多く見られます。だからといって、我々がその相手に勝てるかというと、また別の話になるのですが……。

ウォーミングアップの姿を見るだけで、チームのカルチャーがわかるようになってほしいと考えています。子どもたちには「花園でウォーミングアップを見ていたら、その試合で何をしたいかがわかるようになってほしい」という話をしました。

ウォーミングアップの時間は20分程度です。花園に出たときも、他のチームはまだやっているのに、うちの子たちはすぐにベンチに引き上げていました。その姿を見て、相手チームは「もう終わりなのか!?」と驚いていました。

ウォーミングアップでは「試合でするプレーに役立つ動き」をします。なんとなくパス練習で体を温めるなどは一切しません。ウォーミングアップにも、「なぜ、いまそれをやるのか」という理由がなければいけないと思っています。ですので、私たちはウォーミングアップをウイニングプレパレーションと呼んでいます。

ハーフタイムに指示をしない

かつては私が戦術を指示し、その通りにやらせることをしていました。そうすると、彼らは言われた通りにやろうとします。そして、できたかできないかを自分で判断するのではなく、コーチである私の方を見てジャッジするようになります。

結果として、私が言ったことしかやらなくなってしまい、目の前にビッグチャンスがあったとしても、自分の判断で動くことができなくなってしまうのです。

もちろん、私の指示した通りにやって、うまくいくこともあります。そうすると、それが正しいと思い込んでしまいます。みんないい子たちなので、私が言ったことを真面目に聞いて、やろうとしてくれるんです。

ハーフタイムに私やコーチが指示するのをやめたのも、それが原因でした。大人が入れ替わり立ち替わり、あれこれ言うと、彼らも「なるほど、そうか」という顔になってしまいます。それが正解とも限らないのに「わかりました。後半はコーチが言う通りにします」となってしまうんです。それでうまくいくこともありますが、うまくいかなかったときは最悪です。子どもたちには、なんの学びも成長もないわけですから。

私を含めたコーチ陣は外から見ていますが、グラウンドで相手と向き合っているのは子どもたちです。彼らの肌感覚の方が正しいと思っているので、ハーフタイムに大人が口出しするのではなく、リザーブの選手たちも含めて話し合い、任せるようにしたら、みんなが目を輝かせて意見を言い合い、プレーするようになりました。いまでは「先生、アドバイスをください」と聞きに来ることは、ほとんどありません。

ラグビーは相手があるスポーツです。いくらこちらが事前に分析をして、準備をしたとしても、本番で相手が違うことをしてきたらおしまいです。

「このプレーでは、ここにボールを投げる可能性が高い」と、私が分析をして指示をしても、相手が違うやり方をしてきたら、選手たちはどうすることもできません。ベンチにいる私の顔色をうかがうだけです。

プレーの傾向はあくまでも傾向で、本番にならないと答えはわかりません。

すべてのプレーには表と裏があるので、彼ら自身で試合の状況、相手の戦い方、特徴などを見極めて、自分たちで判断して、表も裏も使えるようになってほしい。

その力は、大人があしなさい、こうしなさいと指示して、その通りにやらせているだけでは、決して身につかないのです。

その考えから、トレーニングの中心をゲーム（試合形式）にしています。

試合中、相手のフォーメーションに合わせて、自分たちのフォーメーションを変えるといった力は、ゲームを繰り返し、考えてプレーすることによって身につきます。

それが「試合中に成長する」ことにもつながります。そこがスポーツの一番の醍醐味なのではないでしょうか。

指導スタイルを変え、喜びの質も変化

静岡聖光に来て、子どもたちの主体性を重視してチームを運営し、全国に出て強豪に勝てたのは素晴らしい経験でした。

私がしたことは、彼らが考えたプレーを、試合で成功させるためのサポートです。過去の映像を編集して、プレーのポイントを絞り、それをもとに子どもたちが練習を考えて取り組んでいました。

その映像を参考にする、しないは子どもたちの自由です。彼らの取捨選択に任せています。「オプショ

ンはたくさんあるので、選択肢のひとつとして考えてみたら？」と言うにとどめます。そこでやらなかったとしても「せっかく準備したのに、なんでやらないんだ」と怒ることはありません。それをすると「監督が言うのだからやらないと」と忖度しだします。それではまったく意味がありません。

「今日はキックカウンターの練習をするぞ。相手に蹴られたときに必要だから」と言ってやらせて、試合でやらなかったら「なんでやらなかった？　この前、教えたキックカウンターがあるだろう」と言うのでは駄目なんです。そうやってトップダウンで指導してしまうと、状況に応じたプレーをすることができなくなってしまいます。

指導スタイルを変えてから、試合に勝ったときの喜びの質が明らかに変わりました。これには、自分でも驚いています。

手前味噌になってしまうかもしれませんが、これこそ現代の部活指導者が目指すところではないかと思います。強権を持ったカリスマ監督がいて、子どもたちは「尊敬するのは監督だけです！」などと言う、上意下達、トップダウンの時代ではありません。

現代は自分で仕事を創り出したり、道を切り開く人物が求められています。上の人に言われた通りに行動するロボットでは、より良い人生を生きるのは難しい時代です。

実際に指導スタイルを変えてから、卒業した生徒たちは、大学でも主体性を発揮して活躍してくれています。高校時代にやってきたことをベースに、大学でさらに発展していってくれているのでうれしいですし、やってよかったなと思っています。

エナジャイズをして試合に向かう

選手たちは「エナジャイズ」という新たな取り組みを披露してくれました。これはリーダーシップコーチの小寺さんに教えてもらったもので、グラウンドで「本気のあいさつ」をすることで気持ちを高め、試合に入っていくというものです。

ニュージーランド代表・オールブラックスのハカのようなものだとイメージしてもらうと、わかりやすいかもしれません。

試合前に、グラウンドで全力を出してあいさつをします。それも中途半端な力ではなく、体中のパワーを振り絞ったあいさつです。全員で地面をたたきながら、「よろしくお願いします!!」と言います。その姿を見た相手チームは「また何かやってるな」とつい見入っています。私はその様子を見ながら、「よし、いいぞ」と思ってスタンドに引き上げていました。

ただし、エナジャイズをして興奮状態のまま試合に入ると、勢い余って反則をしてしまうことがあるので、一度ベンチに戻り、スタッフみんなとハイタッチをしてグラウンドに入る流れにしました。

ハイタッチをしてグラウンドに出ていくことは、女子バスケットボールで全国優勝した経験を持つ、埼玉県春日部市立豊野中学校の田中英夫先生に教えてもらいました。

部活動サミットに来ていただいたときに「やる気があるのは良いことだけど、監督も選手も興奮しすぎるのは良くない。ベンチで怒ったとしても、最後は笑顔でハイタッチをして選手を送り出そう」とアドバイスをしていただきました。

ラグビーには「ベンチでコーチと選手がハイタッチをして、グラウンドに入る」という文化はあまりありません。最初は違和感があったのですが、せっかくアドバイスをしてもらったのだからと一度やってみたら、監督である自分が一番リラックスすることができたのです（笑）。

リラックスしながら、ベンチでニコニコしていたら、試合にも勝つんです。これはすごい発見でした。ラグビーの試合前というと、監督がゲキを飛ばして背中を叩いて、選手が涙を流しながらグラウンドに行くといったように、気持ちを昂ぶらせて臨むのが一般的です。

戦いに挑むために興奮状態を作るのですが、最初の接点、一発目のプレーはすごく重要です。それを見ると、どちらが優勢に試合を進めるかがわかります。

最初のプレーでモメンタム（主導権）を取るため、恐怖心を打ち消すために雄叫びを上げたり、歌ったりします。

ただ、その状態で試合に入ると勢いがつきすぎるので、一度ベンチに戻って気持ちを落ち着かせてハイタッチをします。

保護者も、その姿を見ると喜びます。良い関係性なんだねと。昔は選手と距離を置き、一線を引いていました。選手と握手をすると「珍しいですね」と言われたこともあります。でもいまは、選手と同じ目線で接しています。

主体性指導は万能ではない

主体性のスタイルは、自分の指導に悩み、行き詰まり、悶絶する中でたどり着いたものでした。

私自身、ラグビー選手としての立派な肩書もなければ、名門校でプレーしていたわけでもありません。経歴も実績もない自分が、「ラグビーはこうだ」と子どもたちに話したところで、説得力があるのか……。それはいまでも考えることがあります。

主体性指導が万能だと言うつもりはありません。ともすれば「子どもたち任せ」になってしまう危険性があります。そのさじ加減は、すごく難しいと悩む日々です。

それもあって高校の監督を離れ、その下のカテゴリーである中学生を指導するのは、主体性を含めた指導を見つめ直す、いい機会だと感じています。

2020年度は県予選決勝で逆転負けを喫し、3年連続での花園出場は叶わなかった

高校の監督として2018年、2019年と連続して花園に出場しました。しかし2020年は静岡県大会の決勝でサヨナラ負けをして、3年連続出場はなりませんでした。

その試合のあと、何人かの選手に「もう少し、先生が何を考えているのかが知りたかった。ハーフタイムにアドバイスをしてほしかった」と言われたんです。

その言葉を聞いたときに、彼らに悪いことをしたなと思いました。

2020年は静岡県大会も東海大会も接戦で負け、全国に行くことはできませんでした。この代はコロナの影響で、ただでさえ少ない練習回数が年間38回へと減り、戦術としても成熟できず……。

私も、「選手に任せる」というスタイルを貫くために、いつも通り口出しせず、彼らに任せていました。キャプテンを中心に頑張っていたのですが、この年に限っては、それが重荷になっていたのかもしれません。それが「先生が何を考えていたか、もっと知りたかった」という言葉につながったのでしょう。

主体性指導で結果が出始めましたが、自分はまだまだなと痛感しました。

そのような経緯があり、2021年の新人戦は奥村コーチに監督をお願いしました。私は指導に対するスタンスが凝り固まってきたので、もっと勉強をしたいと思うようになりました。奥村コーチには、「2017年の辛いときに寄り添ってくれた感謝の気持ちがあります。なかなか勝てないときに「もう1年頑張りましょう」と言ってくれたのは、心に響いた出来事でした。また、奥村コーチは星野監督時代からずっと指導に関わっています。いわば静岡聖光ラグビーの歴史を最も理解している人間です。さらに良いカルチャーを創ってくれるのではと考えています。

その後、総監督・中学監督の島田先生が退任することになり、私が中学の監督に就任し、奥村コーチが高校の監督。私が中学高校の統括と兼務するという形で、2021年から活動しています。

主体性のカルチャーを中学生に落とし込むことで、6年後の高校3年生になったときの到達点と言いますか、伸びしろは大きくなると思っています。

子どもたちに自分で考えさせ、スキルやテクニックをゲームの中で身につけることを積み重ね、感覚を磨き、高校に入って微調整をすると、もしかしたらもっと良い組織になるかもしれません。

中学生と接してみて、思ったより任せられると感じました。彼らも一生懸命やろうとしてくれています。最初にイメージしていたより、中学生の指導は面白いぞと。ワクワクしています。

日本最北端での指導

3

高校生からラグビーの虜に

私は1977年9月22日、北海道札幌市で生まれました。小さい頃は肺炎を患っていて、幼稚園にも行けず、毎日のように血液検査をして、家で寝ている生活でした。

小学校は札幌西、中学は札幌市立宮の丘中学校に進みました。ラグビーを始めたのは札幌西高校に入学してからです。父がラグビーが盛んな岩手県の釜石市出身だったこともあり、子どもの頃からテレビでラグビーを見ていて、身近な存在でした。

高校生になって、家族に「ラグビーをやる」と言い出したときは大反対されました。小さい頃から体が弱く、運動をしてこなかったので、当然の反応でした。

ラグビーに惹かれた理由は、小さい頃からテレビで見ていて面白そうだったからです。入学した札幌西高校にラグビー部があったので、やってみたいなと思ったのがきっかけです。

札幌西高校のラグビー部は、札幌市内の大会で1回戦は勝つけど、たいてい2回戦で負けるようなチームでした。当時のチームメイトがいまの私を見たら、きっとびっくりすると思います。「たいして強くもないチームでラグビーをやっていた佐々木が、なんで監督をして花園に出ているんだ?」って。

札幌西高時代、部員は50人ほどいて、私はフォワードでプレーしていました。とはいえチームに監督はおらず、ルール自体もあまりわかっていませんでした。

同級生が高3の春で引退する中、ラグビーが楽しかったので私は秋まで続けていました。札幌西高は進学校です。私は中学までは勉強ばかりしていたので、成績は良かったのですが、ラグビー部に入って猛烈に下がってしまいました。それぐらい、ラグビーにのめり込んでいったのです。外でやる激しいスポーツとは無縁の日々を送っていたからか、グラウンドで汗まみれになってプレーすることに楽しさを感じていたのだと思います。

高校時代はほとんど勉強をしていなかったので、現役では大学合格できず、1浪して北海道教育大学に進みました。大学でもラグビー部に入り、4年生のときはキャプテンをやっていました。ただし、大学にも専門的な指導者はおらず、自分たちで練習を考え、試合のメンバーを決めていました。

そのときに「ちゃんとラグビーを教えている人たちの世界に入ってみたい」と思ったのが、指導者を志すようになったきっかけです。

大学を卒業してもラグビーを続けたかったので、居酒屋でアルバイトをしながら、小樽のクラブチームでプレーを続けていました。

そこで初めて、ラグビーをしっかり教わったことで、改めてラグビーっておもしろいなと思い、どんどんのめり込んでいきました。

教員採用試験も受けず、泥だらけになりながらボールを追いかける日々を半年ほど続け、「そろそろ教員採用試験を受けなきゃ」と思って、資料を取り寄せました。勉強はそれなりにしていたのですが、試験の日がラグビーの大会と重なって受けず……。

親には嘘をついて「試験、受けてきた」と言うのですが、あきらかにラグビーでケガをして帰ってきてバレバレという（苦笑）。

ただ、親はラグビーに対して「辞めなさい」と言うことはなく、理解してくれていました。高校時代、学校の成績は急降下しましたけど、ラグビーを辞めなさいと言われたことはありません。それはいまでも感謝しています。

そこから期限付きの非常勤教員を4年間やり、北海道の学校をいくつか回りました。女子バレー部やサッカー部の顧問を務め、大変ですが楽しい日々を送っていました。

そして本腰を入れて「教員採用試験を受けよう」と一念発起。倍率40倍という狭き門をくぐり抜けて合格し、晴れて教員になることができました。

日本最北端から花園へチャレンジ

最初に赴任したのが、札幌南陵高校です。最初はラグビー部のコーチから始め、途中から監督にな

最初に赴任した札幌南陵時代（後列左から２人目が私、後列右端が島田克彦先生）

りました。

初任地の学校には4年しかいることができないので、その後4年経って羽幌高校に異動しました。北海道苫前郡羽幌町にある高校で、ラグビー部のある学校では、日本最北端です。

羽幌高校に赴任したときはラグビー部員が7人しかおらず、いろんなつてを使ってなんとか15人を集めました。羽幌は北の果てにある雪深い地域で、冬は外で練習ができません。そのため、柔道場の畳の上で練習していました。ひたすら体を当てる練習をしていたので、骨折する選手も多く、卒業後に当時の生徒に「あの練習はひどかったですよね（笑）」と言われたこともあります。

でも、当時はそれが普通でした。結婚式のスピーチなどで「あの経験があったから、いまがあります」などと言ってくれるのですが、昔の出来事は美化されがちです。いま振り返っても、当時の教え子には申し訳ないことをしたと思います。もっとラグビーの楽しさ、自主的に取り組むことの面白さを教えてあげたかったです。

羽幌時代は30代前半で若く、体も動いていました。子どもたちと一緒に頑張った、青春時代でした。

指導に関しては、手探りが続いていました。どのように指導をすればいいかがわからなかったので、週末は払い下げの幼稚園のマイクロバスを利用して、往復8時間かけて札幌山の手高校に通っていました。言わずと知れた、日本代表キャプテン、リーチ・マイケル選手の出身校です。

札幌山の手の佐藤幹夫監督は羽幌で指導をスタートされました。そのご縁もあり、快く練習参加を認めてくださいました。

就任1年目、部員を15人集めるのも一苦労だった

山の手ではひたすら体を当てて走って、近くの山を登って帰ってきてという練習を繰り返しました。練習だけを見ると、自分の学校でもできるかもしれませんが、一つ一つの練習に対する意識の高さに加えて、山の手の子たちはパスが上手いので、そこに羽幌の子が入って一緒に練習させてもらうと、彼らも上手くなるんです。

ボールスピードの速さを体感できるので「これぐらいのスピードで放らなければいけないんだ」と感覚をつかむことができます。その経験は大きかったです。

山の手と同じ練習をさせてもらい、スピードとタフさを身につけることができたので、「よし、今年は優勝して花園に行くぞ!」と意気揚々として北北海道大会に臨んだのですが、すぐに負けてし

指導に関しては手探りだったが、子どもたちと一緒に走り回り、頑張っていた羽幌時代

まいました。

その頃の自分には、どうやって点を取るのか、どうやってディフェンスをしてボールを奪うのかというロジックがなく、教えることができなかったのです。

私が言えることは「8時間かけて移動して、山を登って、走って、山の手の上手な選手と練習してきたのだから、絶対に勝てるぞ！」ということだけ。練習の質ではなく、量を拠りどころにすることしかできませんでした。

丹羽政彦さんとの出会い

羽幌高校で、私の指導者人生に大きな影響を与えた人と出会うことになります。

羽幌高校から明治大学に進んだ、丹羽政彦さんです。2013年度から5年間、明治大学ラグビー部の監督を務めた人物でもあります。

私が札幌南陵にいたときに監督をされていた島田克彦先生は、羽幌高校ラグビー部を作った方でした。羽幌出身の丹羽さんは、島田先生の教え子です。

私は島田先生に「俺が作った羽幌ラグビー部をぜひ強くしてほしい」と言われて、「そういえば教え子に羽幌OBの丹羽がいる」と引き合わせてくれました。

羽幌高OBで、のちに明治大の監督を務めた丹羽政彦さん（右端）にはとにかく基礎の大切さを教わった

そのときに丹羽さんのことを初めて知り、「明治大学のレギュラーだった人で、雪の早明戦に出ていたんだ」と聞かされて「ぜひ、指導をしに来てしてください」とお願いして、丹羽さんに来ていただくことになりました。

丹羽さんに教わったのは、基礎の大切さです。「パスをするときに名前を呼ぼう。明治でもパスをするときは、相手の名前を言ってから投げる。それができるかできないかだぞ」と言っていました。いまも「ファンダメンタル（基礎、土台）」と仰っています。

身だしなみの大切さについても、よく話をしていました。

私が「定期的にコーチに来てくれませんか？」とお願いしたところ「いいけど、次に来るまでに、この子たちの髪の毛をどうにかせい」と言われたこともありました。

そして、言いつけ通りに髪の毛を整えて、次の指導の機会を待つ。そのようにして、丹羽さんから多くのことを学びました。

何度か練習に来ていただくようになり、最初は月に1回だったのが2回に増えました。試合の映像を送ると、全選手のプレーについてコメントを送ってくれるなど、「母校に、花園に行ってほしい」と情熱を持って、羽幌高校ラグビー部に携わってくださいました。

丹羽さんにご指導いただいたのは、明治大学ラグビー部監督になる前の4年間です。

そして丹羽さんが明治大学の監督になられた年に、初めて北北海道大会の決勝戦に進みました。部員はわずか17名での決勝進出でした。決勝前日のホテルに、丹羽さんから、全選手への思い出と激励を綴ったＦＡＸが届き、選手も私も号泣するという出来事もありました。

決勝戦は遠軽高校に惜しくも5点差で負けてしまいましたが、丹羽さんとの出会いがなければ、そこまで進むことはできなかったと思います。

丹羽さんから「羽幌の歴史を作ってくれてありがとう。最後まで諦めず、田舎のチームを強くしてくれてありがとう」と言われたことは、いまでも忘れられません。

丹羽さんに来ていただくようになり、指導をしていただく上で心がけたのが、自分の色やこだわりを出さず、言われた通り、忠実に指導をすることでした。

当時の自分にはラグビー指導の知識もなかったので、言われた通りにするのは当たり前なのですが、1ヶ月に1、2回、丹羽さんが来られて、次にまた来るまでの間に「言われたことをしっかり教えよう」

ということを繰り返してきました。その姿勢が良かったのかもしれません。

就任5年目で歴史を塗り替える

羽幌高校で指導を始め、5年目に北北海道大会の決勝に進むことができました。

この代の子たちは、最後まで「花園に行きたいです!」とは言いませんでした。前の年に毎週札幌山の手高校に通ってすぐに負けたので、「先生、あんな地獄は嫌です」と言っていたほどです。

「今年の目標は?」と聞くと、「北北海道大会の決勝に行けたら十分」という感じでした。

そこで彼らが「花園に行きたいです!」と言ったら、また頑張ろうと気持ちを奮い立たせていたと思いますが、「ほどほどでいいです」と言うので、山の手に通うのを止めました。

結果的に、この代の子たちが羽幌高校ラグビー部の歴史を塗り替える、北北海道大会の決勝進出を果たすのですが、卒業した彼らに会うと「あのときは、花園に行きたいと言わなくてすみませんでした。もし僕たちが真剣に花園を目指していたら、きっと決勝戦で勝てたと思います」と言っています。

でもそれは違うと思っていて「花園を目指して指導をしていたら、前の年と同じようなことをして、決勝までたどり着けずに負けたと思う。おまえたちが自分で考えて練習するようになったから、決勝

就任５年目に初めて北北海道大会の決勝に進出するも惜しくも５点差で敗戦。「日本最北端の高校が花園へ」の夢は叶えられなかった

まで行けたんだ。それまでの、俺の指導が間違っていたんだ」という話を、お酒を飲みながらよくしています。

そうは言っても、当時の私は花園を目指していました。でも、選手はそこまで強い気持ちを持っていません。

そこで、ある程度は私が指導をしますが、最終的な判断は子どもたちに任せていました。どうせ花園を目指していないんだから、後は自分たちで考えて、やってみたらどうだ？　という感じです。そうすると面白いもので、主体性が芽生えてきて、どんどん良いチームになっていきました。

私が根詰めて指導していたときは、北北海道大会の準決勝が最高記録でしたが、その年は初の決勝進出を果たしました。

初めて北北海道大会の決勝に行ったときは、お世話になった先生方も応援してくださいました。でも結果は17対22の5点差で敗戦。

自分としては、部員数も少ない田舎の学校が、よく決勝まで行けたなという思いがありました。それが「チームを強くすることができた。自分の指導力も上がってきたぞ」と勘違いすることにつながるのですが……。

羽幌時代は北北海道大会の決勝で敗れ、「日本最北端の学校が花園へ」という夢は叶いませんでした。いま振り返ると、取り組む中での必然性、ストーリーが弱かったのかなと思わなくもありません。羽幌の子たちがやっていたラグビーは、日本最北端だからこそできるラグビーではありませんでした。当時、主流となっていたモダンなラグビーをしていました。それは、いまだからこそわかることです。

あの子たちを勝たせていたら、彼らのその後の人生は違っただろうなと、いまでも思います。そして、申し訳なかったという気持ちが湧いてくるのです。

中竹竜二さんに影響を受ける

羽幌高校時代にもうひとり、私の指導に大きな影響を与える人と出会いました。それが中竹竜二さんです。早稲田大学のキャプテンを務め、後に監督にもなった人物です。

当時、中竹さんはラグビー協会のコーチングディレクターをしていました。

羽幌時代の私はマイクロバスに子どもたちを乗せ、色々なチームに勉強に行っていました。若いこともあって、ベテランの先生方に可愛がっていただいていました。その縁で、国体チームのコーチに選んでもらいました。

中竹さんはラグビー協会のコーチングディレクターとして、全国のトレセンを巡回指導されており、そこで初めてお会いしました。

中竹さんといえば、早稲田大学の選手、監督として日本一になった伝説的な人。北海道の片隅でラグビーをしていた自分からすると、雲の上の存在です。そのような方に無名な自分が指導を受けることができるとは、夢にも思いませんでした。

U-20日本代表チームではアナリストを担当し、世界大会に参加した

当時の北海道国体チームは、地域の特性として、全国大会には無条件で出場できるのですが、20年以上、1勝もあげることができていませんでした。それもあって「今度こそ、全国で1勝するぞ!」と気合を入れて臨んでいました。

中竹さんも北海道チームの遠征に来てくれて、様々なアドバイスをくださいました。私はミーティングを担当していたのですが、その様子を見て「佐々木先生のミーティングはおもしろいですね」などと声をかけていただくことがありました。その縁で、高校ジャパン(U-18)のテクニカルコーチやU-20代表の分析担当に選んでいただきました。

国体の北海道チームでのミーティングは、映像を使って行っていました。過去に北海道代表が出場した試合を分析し、どのような相手にどう戦い、どこで負けたのかを映像にまとめて、選手たちに見せました。

それをもとに、こうやって戦えばいいのではないか。そのためにはこのスキルが必要で、こういう練習をしようといった形で落とし込んでいきました。

候補選手を集めて行ったスタートミーティングでは「君たちに求められるスタンダードはこれぐらいだよ」と提示しました。その中にいたのが、後にジャパンに選ばれた小山大輝選手(芦別高出身)です。

中竹さんが監督を務めるU-20代表チームでは、ウィークエンドキャンプに参加して、ミーティングを担当していました。練習のレビューや中竹さんから映像のオーダーが来るので、それを作っていました。中竹さんのオーダーを受けて、練習のレビューなどもしていました。

私の主な仕事は、中竹さんが示す練習の基準を、わかりやすく提示することでした。「いまのみんなのパフォーマンスがこれぐらい。もっとこれぐらいはできるのではないか」といった形で、中竹さんの目指すラグビーを具現化するための手伝いをしていました。

並行して、ジャパンの合宿も見学に行かせてもらっていました。そこで大事だなと感じたのが「スタンダード（基準）を決めること」です。

対戦相手と自分たちの力関係を分析して、相手に勝つための目標値を定めます。そして、目標値に近づくために、何をすればいいかを考えて練習メニューを組みます。

練習前にミーティングをして狙いを明確にし、練習後はレビューをして振り返る。その積み重ねが重要なのだと、勉強になりました。

静岡聖光・星野明宏先生との邂逅

中竹さんのチーム作りを見ていて「チームはミーティングで強くなるんだ！」と実感しました。

中竹さんのミーティングでは、ラグビーの話はほとんどしていなかった記憶があります。U-20代表チームの選手は大学生です。彼らに対して「一流のビジネスマンになるために必要なこと」「本当のコミュニケーションとは何か」など、他競技・他分野のスペシャリストをゲストに招くなどして、独自のミーティングをしていました。

中竹さんのプレゼンはおもしろいので、選手たちも前のめりになって聞いています。グループで話し合い、挙手して発表したりと、ラグビーエリートたちが楽しそうにしていたのが印象に残っています。

ラグビーのミーティングをするときは、「チームとして、目指す基準に到達する」という視点から逆算し、今日の練習はどうだったか、この部分をこうすれば良かったといった振り返りを、選手主体でやらせていました。

私の仕事はそれに合わせて練習の映像を編集し、キーワードをわかりやすく見せるなどして、意識の統一を図ることでした。

勉強意欲旺盛だった私は、あるとき中竹さんに「ラグビーの勉強をしたいので、日本で一番面白いチームを教えてください」と、不躾なお願いをしました。

すると中竹さんは「静岡聖光の星野先生は面白いよ」と教えてくれました。

この一言が、私の人生を大きく変えることになります。羽幌高校の教員になって4年目のことでした。

星野先生がすごい人だというのは、噂では聞いていました。恥ずかしい話、北海道の田舎で育ってきた自分は、星野先生の前職である電通のことは、何をしている会社なのか知らなかったのですが……。

星野先生の第一印象は「ラグビーっぽくない人」でした。ラグビーの監督はゴツい人ばかりです。最初、ユースコーチの集まりで同席したときに、小柄なサラリーマンっぽい人がいるなと思っていたら、その人が星野先生だったのです。

静岡聖光の練習に興味を持った私は、早速、星野先生に連絡したところ、快く受け入れてくださいました。

そして学校にうかがうことになったのですが、部員がノロウィルスに罹ってしまい、練習が中止になってしまったのです。そこで「渡したいものがあるから、私の家に来てほしい」と言われて行くと「ホテルでこれを見るといい」と、DVDの束を渡されました。

北海道から静岡まで来て、2日間練習を見せていただく予定だったのに、時間が空いてしまいました。言われた通りにホテルに籠もってDVDを見たのですが、そこには衝撃的な映像がたくさん収録されていました。

内容を大きく分けると3つあり、ひとつはラグビーを理解するための映像です。ラグビーはルールが複雑なので、トップリーグの試合映像を編集してテロップを入れて、これはこういう理由で反則なんだということが、ひと目でわかるように作られていました。

羽幌の子たちはほとんどが高校に入るまでラグビー経験がなく、ルールを理解しきれていないところがあったので、映像を見せれば理解しやすいと感じました。

2つ目が良いプレーを集めたもの。そして3つ目がモチベーションビデオです。星野先生は広告代理店で長く働いてこられた方なので、プレゼン能力は抜群です。モチベーションビデオは素晴らしく、DVDを借りて、選手に見せました。

映像には星野先生が指導する様子も収められていたのですが、その様子を見ながら「こうやって教えればいいのか！」と目からウロコの連続でした。

同時に「これならば、北海道の田舎の子たちにもできるし、ラグビーが上手くなるのではないか」と感じたのです。

ホテルにカンヅメになり、映像を見続ける中で「いろいろな試合を編集して、プレーごとの教科書を作ればいいんだ」とひらめきました。

このプレーがうまくできないなと思ったら、同じシチュエーションでプロ選手がプレーしている映像を編集し、「プロはこういうプレーをしているぞ」と見せるための教科書を作ればいい。そう思いました。

羽幌の子たちは北海道の田舎で育ってきたので、運動経験は豊富です。頭で理解できれば、すぐに再現できるという能力を持った子たちでした。

野山を駆け回ることが日常茶飯事で、小さな頃から漁師である両親の手伝いをしてたので、船にも乗っています。バランス感覚は抜群です。

余談ですが、静岡に来て、そのような子どもに出会ったことがありません。北海道の子たちは、季節ごとに異なるスポーツをします。冬はスキーがメインで、夏は人が足りないので、みんなが一緒になって野球やサッカーをします。運動能力の基礎があったので、見たものをすぐに再現することができたのです。

羽幌高校の最後の年は、勧誘を続けてきた選手も入学してくれて、手応えがありました。そこで星野先生のもとで勉強させてもらった分析やプレゼンなどを駆使していくと、ラグビーのことをほとんど知らない田舎の子たちは、ぐんぐん伸びていきました。

羽幌高校時代には、北海道の先生方の呼びかけで、毎年3月末から4月上旬にかけて『日本最北端合宿』を行っていました。

初年度は道内8校、3年目には12校のラグビー部が羽幌高校に来てくれて、4日間の合宿を行いました。通常、春の合宿といえば、グラウンドが多数あり、雪の少ない函館で行うのが一般的です。

羽幌町には学校のグラウンド1面しかなく、地面は氷水状態でしたが「砂浜なら大丈夫」と、浜でトレーニングを実施するなど、工夫をしてくださいました。

すべては「小さな町のラグビー部を盛り上げるために」と、先生方が一肌脱いでくださったのです。出身大学などは一切関係なく、全道から集まってくださった先生方の熱い想いと同時に、ラグビーの素晴らしさをあらためて感じました。

また保護者の皆様の1000食を超える炊き出しや除雪作業、羽幌町の宿泊補助金には大変感謝しています。

この合宿には、関東学院大学で監督を務め、日本一の経験もある春口廣氏に賛同いただき、お越しいただきました。みなさまの熱い想いを感じながら、なんとかチームを強くして、恩返しをしなくてはと気合が入ったのを覚えています。

札幌厚別から静岡聖光へ

羽幌の4年目に静岡聖光に見学に行かせてもらい、星野先生の凄さを目の当たりにしてからも、交流は続いていました。

何度か会って話をするうちに、「静岡聖光に来ないか?」と声をかけていただいたのですが、その頃は札幌厚別高校に異動が決まっていたので、お断りをしていました。

札幌厚別に赴任してからも、星野先生からのオファーは止まず、たびたび北海道に来てくれて「一緒に、東福岡を倒そう」と誘ってくれました。

私としても、あの星野先生のもとで仕事ができたらどんなことになるだろうと、上のレベルで指導ができることに興味を持ち、気持ちが傾いていきました。

当時から、自分は教員にも関わらず、部活の指導ばかりに熱を入れていることに疑問を持っていました。静岡聖光は週3回の練習なので、英語教員としての仕事も十分にやれる時間もできます。

加えて、星野先生のもとで仕事ができたら、どれだけワクワクするのだろうとイメージが膨らんでいき……。悩みに悩んだ末、札幌厚別に赴任して1年目にも関わらず、静岡に行くことを決めました。

37歳の頃でした。

当時、札幌厚別の監督をされていた鈴木大介先生には、後釜として育てていただいていたのですが、ご理解いただき、あたたかく送り出してくださいました。また、妻は小学校の教諭だったのですが、仕事を辞めて家族で静岡に行きました。何より妻の理解には感謝しています。

ただし、新入生で私のクラスの子が10人、ラグビー部に入ってくれたので、オフのときは北海道に戻って、スポットで指導を続けていました。彼らが卒業するまで指導をするのは、自分の義務だと思っていました。

カリスマのようにはできない

静岡聖光に来てまず驚いたのは、星野先生の管理能力の高さです。

当時は、週3回の練習日以外の日に何をするかを計画し、夏休みは30日間オフでしたが、その間も子どもたちに会いに行っていました。

管理能力と情熱が融合していて、その徹底ぶりはすごい、自分にはできないと感心しました。その姿を見て、自分に足りない部分に気づかされたところもありました。

羽幌高校時代、北北海道大会の決勝に行きましたが、星野先生だったら絶対に勝っていただろうなと思います。星野先生は最後のところまで、絶対に詰める人ですから。

星野先生が静岡聖光を最初に花園に連れて行ったときは、週3回の全体練習に加えて、他の日も使ってフルカバーしていました。私にそのようにする力があれば、羽幌高校で花園に行けたと思いますし、子どもたちもその夢を持てたと思います。

星野先生は「週3回の練習で奇跡を起こすんだ」と言って、子どもたちをやる気にさせ、本当に花園に行きました。

全体練習以外の時間で何をするかを、子どもたちに決めさせ、やり抜くことを徹底させていました。ただ厳しいだけではなくてユーモアがあり、カリスマ性もある。私とは全然違うタイプの指導者です。星野先生がよく言っていたのが「結果を出すために、ここに来たんだ」ということです。自分は教員だから、部活動は教育の一貫だから、結果が出なくてもいいというのはおかしくないか？　と。電通でビジネスをしてきた方なので、結果へのこだわりは強く持っていました。

星野先生はカリスマです。あのやり方は誰にでもできるものではありません。自分はどのようなやり方で後を継げばいいのか。悩んでいたときに、中竹竜二さんの存在がヒントになりました。

中竹さんはカリスマ監督・清宮克幸さんの後を継いで、早稲田大学の監督になった方です。境遇やスケールは全く違いますが、自分と似ています。なにせ、ご自身で「日本一カリスマ性のない監督」と言っているぐらいですから。

中竹さんはご自身が先頭に立って、チームを引っ張っていくタイプではありません。組織づくりがすごく上手で、選手の主体性を伸ばし、能力を引き出して結果につなげるタイプの指導者です。

その姿を見たときに、「自分もカリスマではないので、中竹さんのようにマネジメントタイプの指導者としてやっていこう」と思いました。

そう強く意識したのが、２０１７年の静岡県大会の決勝で東海大翔洋に負けた後のことです。その年は相手も強かったですが、それでもうちが勝つだろうと自信満々でした。相手の弱点を分析して、練習も私が決めて、「こうやって戦えば絶対に勝てるから」とトップダウンの指導をしていました。ちょうどその頃は、U-20代表の分析コーチに選ばれていた時期でもあります。正直、「南アフリカなどの強豪を分析してきたのだから、自分が分析すれば勝てる」と思っていました。

子どもたちは「翔洋に勝てるかな」と不安がっていましたが、私は「自分がこの子たちを勝たせる」ぐらいの気持ちでいました。

いま振り返ると、何を言ってるんだと思いますが、それでうまくいく試合もあったので、スタイルを変えるというところまでには至らなかったのです。

2017年の決勝で負けたことは、指導人生のターニングポイントでした。指導を見直すきっかけになり、トップダウンからボトムアップ。コーチからファシリテーターへと、役割を変えていこうと舵を切りました。

自分の指導を押し付けるのではなく、子どもたちの特性、学校のカルチャーを鑑みて、どのようなスタイルがいいかを考えたときに、「主体性でチームを運営していこう」という答えに行き着いたのです。そのあたりから、指導内容も変わっていきました。

想像を遥かに超える、子どもたちの成長

静岡聖光に来て3年目に、指導スタイルをガラッと変えました。いま振り返ると、このスタイルにたどり着いたのは必然だと思います。

北海道で指導を始めた頃は、自己実現のためにやっていました。そのことに気がついたのは、安芸南高校サッカー部・元監督の畑喜美夫先生や中竹さん、そして星野先生など、たくさんの素晴らしい指導者にお会いし、知見が広がったからだと思います。

そもそも私は、選手時代に優れた選手だったわけでも、特別な指導の勉強をしてきたわけでもありません。何者でもない、普通の人間です。

だからこそ、自分のエゴを押し付けるのではなく、「この子たちに、将来どんな姿になってほしいか」「彼らは将来、どうなりたいのか」を明確に描き、それを実現するためにいろいろな人に来ていただいたり、シナリオやストーリー作ってあげることが、自分にできることなのではないかと思うようになりました。

その結果、子どもたちの成長は、私の想像を遥かに超えていきました。私が先頭に立ってトップダウンで指導をすると、私がイメージしているところまで、あるいはその少し下までしか行きません。

なぜなら、より良くなりたい、こうしたらどうだろうという子どもたちの提案を、指導者である私が

否定してしまうからです。

子どもたちが考えたことをやろうとしたら、そうじゃない。俺はこう考えてるんだから、言う通りにしなさいといったように、意見や考え方の良し悪しと言うよりも、監督である私に意見することを「反抗」ととらえてしまっていたのです。

子どもたちに、「この練習は何のためにやるのですか」「それは違うと思います」と言われたら、「その態度はなんだ。口ごたえするな」と跳ね除けていたのが、かつての自分でした。

いまは180度変わり、彼らから意見が出るように仕向けています。そうして出てきた意見に対して「いいね、その通りにやってみたら？」というと、彼らもやる気になりますし、前向きに取り組むようになります。

自分たちで決めたことなので責任も生まれ、妥協することもなくなります。私があれこれ指示する必要もありません。良いことづくめです（笑）。

この方法でチーム作りをしていくと、花園の高鍋戦で見せた「くるくるモール」のように、私の想像を超えるプレーが飛び出すようになりました。

彼らの中から「こんなことを思いつきました」「試合中、これをやります」といったように、アイデアが湧いてくるのです。私には考えもしなかったようなことが。

そのようなスタイルで試合に勝つと、自分が指示をして勝つよりも何倍もうれしいです。これは大きな発見でした。おそらく、やってみないとわからなかったと思います。

指導者がすべてを決めて、選手を駒のように動かして、試合に勝つと「自分は名将だ」という気分になるかもしれません。私もかつてはその方法で勝ったこともあります。

それも、気分が良いと言えばその通りですが、両方を比べると、子どもたちがパワーを発揮して勝った方が、何倍もうれしいのです。

「この子たち、頼もしくなったな」と素直に思える楽しさ、喜び。これは当事者しかわからない感覚かもしれないので、ぜひチャレンジして、味わってみてください。

試合中の対応力をつけさせるために

かつてのように、私が先頭に立って指示を出した方が、見栄えはいいです。「あの先生は熱心だ」と周囲は評価してくれます。

監督が指示しないで負けると、指示をして負けるときの3倍ぐらいきついです。でも、長い目で見たときに、彼らの成長のためには、安易に口を出してはいけない。彼らに任せ、トライ&エラーから学ばせなければいけないと思うのです。

そう考えると、そもそも「選手はコーチの言う通りにプレーしなければいけない」という前提が間違っている気がします。選手たちは、コーチが言ったことをグラウンドで表現するための歩兵部隊ではありません。

年代別代表コーチとして海外の相手と試合をすると、そのことを痛感させられます。

たとえば海外のチームと試合をするとき。コーチングスタッフの分析をもとに、選手たちに「鋭く前に出るディフェンスと接近プレーで相手に勝つぞ」と指示を出すと、前半は競り合ったゲームになります。しかしフランスやイングランドといった強豪は、日本のやり方を分析し、ハーフタイムに修正してきます。

一方の日本は「いいぞ。前半の戦い方を続けよう」という感覚で後半に入るので、前半同様、前に出てディフェンスをすると、裏のスペースにボールを投げられてかわされます。

そのような状況にも関わらず、日本の選手たちは「言われた通りにプレーしなければいけない」と考えてしまうのです。その結果、逆転された試合をいくつも見てきました。

ただし、日本のラグビーもジャパンがそうであるように、少しずつ変わってきているように思います。2019年のワールドカップでも、メディアを通じて「選手たちが自主的に考えてプレーしていた」といった記事がたくさん出ていました。

リーダーグループを作っているという話も聞きました。おそらく、監督の言うことがすべてではなく、リーダー陣の判断が優先されているのではないかと思います。

「監督の言う通りにプレーしなさい」という指導をすると、選手たちは自分で考えなくなるので、対応力がつきにくくなる。そう感じています。

監督の指示に従い、3年かけて作り上げた戦術通りに戦ったけれども、相手に対応されて負けてしまったとします。それを「よく頑張った」という感動話にしてはいけないのです。

監督の言ったことだけをやらせようとすると、監督の器以上のチームにはなりません。監督のキャパシティを超えたことを相手がやってくると、成す術がなくなってしまうわけですから。

かくいう私も、主体性を持たせる取り組みに関してはチャレンジ中の身です。どれほど対応力がついているかはわかりませんが、このやり方の先に子どもたちの成長、そして勝利があると信じて取り組んでいます。

外から見ていると、歯がゆく映ることもあるかもしれません。保護者の中には「もっと監督が先頭に立って教えてほしい」と思っている方もいると思います。

大会で結果が出ないと、心配になる気持ちもわかります。ラグビー経験者の保護者はなおさら、お子さんにアドバイスをしたくなることもあるでしょう。

でも、そこでぐっとこらえてほしいのです。長い目で見ると、子ども自身が考えて答えを見つけたものの方が成長につながります。
その積み重ねが、「自分たちで考えてプレーする」ことにつながると思っています。

4

部活動サミットで他競技から学ぶ

子どもたち主体で始まった「部活動サミット」

私が主体性指導に舵を切ったことで、子どもたちが主体的に動くようになり、チームとしての結果（2年連続花園出場）につながったことは、ここまでの中でお伝えしてきました。

主体性指導を促進させるきっかけとなったのが、2018年9月に開催した『部活動サミット』です。これは「短時間練習で好成績を残しているチーム・指導者の話を聞いて、より良い活動の参考にする」という企画です。

始めることになったきっかけは、子どもたちが安芸南高校サッカー部に見学に行ったことです。当時の安芸南高校の監督は、ボトムアップ指導でおなじみ、畑喜美夫先生でした。

私は以前にも何度か足を運び、見聞きしたことを伝えてはいたのですが、子どもたち主体で部活を運営するとはどういうことか、本質を伝える難しさを感じていました。

そこで口で言うよりも、自分の目で見た方が早いだろうということで、子どもたちだけで安芸南高校に行ってもらいました。

畑先生にお会いして話を聞かせていただいて、帰ってきたら「佐々木先生の言う意味がよくわかりました。僕たちも安芸南みたいにやってみたいです」と意見が一致しました。

それが3S活動（整理・整頓・掃除）などにつながるのですが、安芸南高校に見学に行ったうちの

二回目の「部活動サミット」ではボトムアップ理論でお馴染みの畑喜美夫先生と元・大津高校サッカー部の平岡和徳先生との対談を開催

ひとりが「もっと勉強したい。時短練習で結果を出している部活が集まるイベントはどうだろう」とアイデアを出し、『部活動サミット』という形になりました。

開催に必要な資金をクラウドファンディングで集めるのは私が手伝いましたが、学校間の交渉や企画などは、全部子どもたちがやりました。立派なものです。

部活動サミットは「短時間練習ゆえの悩みを抱えているチームが集まり、みんなで話し合って、知恵を出して、いいチームになろう」というのがコンセプトです。スポーツだけでなく、写真部や吹奏楽部なども参加してくれました。

部活動サミットは2018年、2019年と連続して行いました。2回目は畑先生と大津高校サッカー部の監督として、数多くのJリーガーを輩出してきた、平岡和徳先生（熊本県宇城市教育委員会教育長）の対談を企画し、新聞や雑誌に取り上げられるなど評判を呼びました。

バスケットや野球からヒントを得る

部活動サミットを通じて、私自身たくさんのことを学ぶことができました。サッカー、野球、バスケットボールなど、短時間練習で結果を残しているチームは全国にたくさんあります。

なかでもバスケットボールの指導者の方々は、短時間練習で工夫している人が多い印象を受けました。

たとえば、埼玉県春日部市立豊野中バスケットボール部。練習時間が45分の日もあるそうで、練習メニューが24秒単位で組んでありました。その部を率いる田中英夫監督は名将の呼び声高い方ですが、子どもたちに考えさせる主体性を大切にして指導をしていました。

部活動サミットの翌年、チームの遠征の途中にわざわざ静岡に立ち寄っていただき、本校のバスケ部と練習試合をしてくださいました。ラグビー部員もアップから全て見学させていただき、アップの姿勢、ディフェンスの激しさ等多くのことを学ぶことができました。

鹿児島県立川内高等学校・男子バスケットボール部も印象的でした。部活の時間は静岡聖光と同じ90分。進学校で、バスケ部から国立大学に進む子もたくさんいるそうです。

川内高校もゲーム（試合形式）とミーティングを中心にトレーニングし、短時間で練習メニューを回していました。

監督が手取り足取り教え込むのではなく、シナリオや設定、筋道を作りながら、最終的にはプレーする選手自身が判断する指導をしていました。

川内高校の田中俊一監督には、隣県でインターハイがあったときに静岡聖光のバスケ部監督とあいさつに行き、あらためて効率的な戦い方について勉強させていただきました。

広島県の私立武田高校野球部は、1日の練習時間が50分でした。進学校なので、練習時間が限られているそうです。それにも関わらず、プロ選手を輩出しています。

ピッチャーは140キロ以上を投げることを目的として、岡嵜雄介監督のもと、科学的かつ合理的なトレーニングを追求していました。

佐賀県立伊万里高校の野球部も進学校で、練習時間は90分ほどでした。時間の無駄がないように、練習時にグループ分けがされていて、各会場で練習をしていました。学校に見学にうかがったときは、体育館で10人ほどが素振りをしていました。人数が少ないなと思って見ていたら、「各自が練習メニューを考えて、いろいろな場所に分かれてトレーニングをしています」と教えてくれました。これも、少ない時間を効率的に使うための工夫です。

どの学校も、部活に使うことのできる時間が限られている中で、どうすれば結果を出せるかを考えて、取り組んでいました。

また、考える力のある子たちが多く、ミーティングを通じて狙いを絞り、成果を最大化させるための工夫をしていると感じました。

練習のための練習ではなく、試合で勝つために何をするか。そのために、限られた時間の中で何をするか。それが効率化と最適化です。

練習と試合がリンクしていなければ意味がないので、ゲーム形式を多く取り入れています。そこは我々も同じです。練習でゲームとミーティングの繰り返しをしているチームが多く、あらためて「ミーティングがチームの生命線なのだ」と感じました。

何年かしてラグビー部の結果が出てきたので、見学させていただいた先生方に電話で報告したことがあったのですが「お前のチームは強くなると思ったよ」と言ってくださったことがあって、そのときはうれしかったです。

見学時の心構え

経験上、言えることですが、素晴らしい指導者ほどオープンマインドです。練習、ミーティングだけでなく、選手たちが書いているノートまで、包み隠さず見せてくれます。

そのようにして学んだものを、自分のチーム、学校の文化（カルチャー）にどうアジャストさせるか。そこが指導者の腕の見せ所だと思います。

他のスポーツから学ぶことは多いです。結果を出しているチームは競技の垣根を超えて、共通するところがあります。それを探しに行くのも、目的のひとつです。

自分で言うのもなんですが、私はごく一般的な指導者です。学生時代にラグビーで特筆すべき成績を残したわけでも、強豪大学でプレーしていた経歴もありません。

そんな私が、全国大会出場を含め、ある程度の成績を残すことができたのは、多くの尊敬する指導者のもとに出向き、教えていただいたからだと思います。

私のような凡人は、他のカリスマ指導者と同じスタイルをしようと思ってもできません。

だからこそ素晴らしい指導者、結果を残している指導者のところへ行き、勉強させていただく。エッセンスを吸収させていただく。それをしてきたからこそ、いまの自分がいます。これは、自信を持って断言できます。

他校の部活を見学させていただくときは、テーマを決めてうかがいます。

たとえば安芸南高校では、畑喜美夫先生（当時）のボトムアップ理論とはどういうものかについて、練習を見学させていただいたり、お話をうかがったりしました。

目的を持って行くと、受け入れてくださる先生方も話をしやすくなるのではないかと思います。

基本的には、短時間練習で結果を出している部活にうかがうので「選手にどれだけ考えさせているのか？」「どんな戦略を用いているのか？」「短時間練習で成果をあげるためには？」といった視点がメインになります。

福井商業高校のチアリーダー部『ＪＥＴＳ』にうかがったときは「子どもたちが、素晴らしいノートを書いている」と聞いていたので、事前に「もしよければノートを見せてください」とお願いをしました。

福井商業のチアリーダー部は『チアダン』という映画にもなったほど有名な部活です。しかしながら、監督の五十嵐裕子先生はチアダンスが未経験だったそうです。

ということは、「子どもたちが主体的に動く仕組みを作っているのではないか？」と仮説を立てました。そして、そのテーマについて話を聞かせていただきました。

北海道で国体のコーチをしていた頃、エディ・ジョーンズ監督率いる〝ジャパン〟の合宿を数回見学に行ったこともありました。

彼の練習は緻密なことで有名です。すべてのメニューに根拠があると聞いていたので、「練習の根拠を教えてほしいので、ミーティングを見せてください」とお願いをして、中に入れてもらいました。ミーティングでは「この練習の強度はこれぐらい。オールブラックスの選手のプレーはこれぐらいだ。お前はこれを超えられるか？」と選手たちに説明して、モチベーションを高めていました。その様子を見て、なんてわかりやすいんだ！と感激したことを覚えています。

勉強してきたことを、子どもに合わせて変換する

見学や勉強したことを「どうやって、静岡聖光の生徒たちに取り入れようか?」と考えます。この変換作業が肝です。

見聞きしたことをそのまま取り入れても、なかなかうまくいかないもの。エッセンスを抽出し、静岡聖光の子たち用に変換する必要性が出てきます。

他競技であっても、戦術は変換はしやすいですが、日常生活を含む子どもたちの振る舞いに関しては、私が口で言ったところで伝わりにくいのも事実です。

そのため、あいさつや用具の整理整頓、ノートの内容などは、映像や写真を撮らせてもらい、子どもたちに見せます。そして「この学校の選手たちは、こういうことをしていたけど、できることを真似してみたら?」と提案をします。

自主練も映像を見せます。静岡聖光には主体練があるので、「このチームはこういう自主練をしていた」と見せることで、「自分もやってみよう」「このやり方は変換できそうだ」と感じて、少しずつ工夫していきます。

そこでポイントなのが、私が映像を見せて「この学校の選手たちは、こういう練習をしていたから、これをやりなさい」と強制しないこと。子どもたちが主体的に練習しなければ意味がないので、提示

してヒントを与えるところまでです。

「この学校の選手たちは、お互いのプレーをスマホで撮影して、確認しあっているぞ」「このぐらいの熱量で自主練に取り組んでいるぞ」などと言って、映像を見せます。

それを見て、子どもたちが良さそうだ、いまの自分に必要だと思えば、自ら進んで取り組みます。やる、やらないのジャッジは子どもたちです。

私が上から目線で強制するのでは意味がありません。

北海道で指導を始めたばかりの頃はそうしていましたが、そのやり方ではある程度のところまでしか伸びないことがわかっているので、最終的な判断、決断は子どもたちに任せています。

下級生の指導が大事

部活動サミットでいろいろな学校に見学に行かせていただき、気がついたことがあります。それは、監督が主に下級生に対して指導をしていたことです。

年間にいくつもの大会があるので、たいていの監督はどうしてもAチーム（3年生）を中心に指導してしまいます。しかし、短時間練習の部活を見に行くと、Aチームは主体性を発揮して、選手中心にミーティングや練習を行い、監督は下級生に関わっていました。

下級生にアプローチすることで主体性の土台を作り、3年生になると、自分たちで運営していくことができるという形です。

監督はチームのカルチャーを、下級生に伝えることに注力します。

「先輩たちはこういうことをやってきて、こういう戦い方で勝つんだ」といったことを、下級生に教えていきます。

そのベースができていると、上級生は自分たちでレビューを重ねて上手くなっていきます。指導者として実績のある、有名な監督さんもそのようにしていました。

知識と経験を備えた名将であれば、直々に教えてもうまくなるでしょう。

ですが、それをすると「監督のイメージ以上には伸びていかない」という考えがあるので、自分が先頭に立って指導するのではなく、子どもたちの主体性を重視していました。

一貫して口を出さず、選手たち自身が考えて取り組む環境を作っている姿を見て、これが大事なのだと感じました。

競技者時代に華々しい結果を出してきた指導者が、選手の主体性を大切にしているにもかかわらず、なんの経歴も無い私がトップダウンをしているのは大変な問題だと気づきました。

ゲームリハーサルでイメージトレーニング

静岡聖光では、考える力をつけるために、ゲームのリハーサルを子どもたちだけですることがあります。

ホワイトボードをグラウンドに、選手をペットボトルの蓋に見立てて、キックオフからどうやってプレーするかをシミュレーションします。チェスや将棋のイメトレのようなものです。その中で、自分たちがこう動いたら、相手はこう対処してくるかもしれないなど、プレーのオプションが出てきます。

そこで「こういうトレーニングをしよう」などと考えが発展していきます。集団の考え方をひとつにすることで、チームとしての完成度も上がっていきます。

とはいえ、選手全員の考え方をひとつにするのはとても難しいことです。選手それぞれ役割も違えば、考え方も違います。

国体チームや年代別代表でお世話になった中竹竜二さんは、チーム全員が同じ基準を持つことを『Same Page』と言っていました。同じことを考えて動く。これは我々が大切にしていることです。キックカウンターの場面をとっても、どの方向に攻めるのかで結果は変わってきます。全員が即座にイメージを共有できれば、素早く攻め込むことができますし、プレーの強度も上がります。動き出しが1秒違えば、相手に与える影響は大きく異なります。決断とイメージの共有に迷いがなくなれば、スピードは上がります。

それを選手自身で描いて決断し、プレーを成功させたときのうれしさは、筆舌に尽くしがたいものがあります。自分の想像を超えて、成長してきたなという喜びです。

彼らに向けて「頼もしい」という言葉を心から言うことができます。それは「先生の言う通りやったら勝てました」と言われるよりも、何倍もうれしいのです。

勝つためのシナリオを立てる

考える力をつける上で、ゲーム（試合形式）は重要です。部活動サミットの一貫で見学に行ったどの部活も、ゲームとミーティングを重視していたことは、すでにお話しした通りです。

静岡聖光もゲームは重視しています。監督である私は何も言わずに時間だけを計り、子どもたちがレビューをします。私はレフェリー役です。彼らだけでレビューをして、改善点を出し合って、次の練習に移るという流れで進めていきます。

そこで大切なのが「この相手に、この戦い方で勝つ」というシナリオを立て、イメージを共有することです。

しかし、ときには「この相手にどうやって勝つの？」「どうやってスコアするの？」と聞いても答えられなかったり、あいまいな答えが返ってくることがあります。

よくあるのが「数で余って優位に立ちます」「スペースを攻めます」という答えです。そこで「どうやって数的優位になるの？」「どうやってスペースを生み出すの？」と聞くと、答えられないことがあります。

相手のレベルが上がれば上がるほど、スペースを与えてくれません。たいていの強いチームはスライドをして、スペースを開けないように守ることができます。

「君たちのパスが飛んでいる間に、相手は1人分ずれて対応するよ。それでもスペースができる？」「そのための練習をしているの？」と深堀りしていくと、「していません」と答えが返ってきます。それでは、試合で発揮できる可能性は低いです。

考える力、対応力をつけるために、トレーニング時のゲームでハプニングが起きる設定にすることがあります。

たとえば3チームでスタートして、ある片方のチームがディフェンスをします。そして笛が鳴ったら、待機しているもう1チームの方にディフェンスをしに行かなければいけないというルールにします。そのようにして、苦手なところにアタックをセットして、攻めて行きます。その後にハーフタイムを設け、どう改善していくかを話し合い、次のプレーに活かします。

通常の試合より遥かに厳しいシチュエーションなので、体力的にも精神的にもかなりキツいです。練習では、試合よりも負荷をかけることを心がけています。試合より楽なことをしても、試合では意味をなさないからです。

その年によって多少スタイルは変わりますが、原則としてボールを下げない、相手陣地でプレーする。体力面を考えて、プレー時間を闇雲に長くしないといったことがあります。

高校生のラグビーの試合は1試合60分。夏場の練習時間と同じです。試合中、頭の中をオフにする時間はないので、1回の練習を1つの試合ととらえています。

また、高校生は1試合で30分程度、動き続けると言われています。我々が目指しているのは、25分から28分間オンプレーにすることです。それぐらいのプレー時間で収まると、思い描いているプレーができます。

また、プロチームやテストマッチ等でジャイアントキリングが起きた場合は、必ず丁寧に分析をして、なぜアップセットが起きたのかについて、子どもたちとミーティングをすることもあります。

それらがベースとしてある中で、私が期待しているのは、高鍋戦のときのように、彼らからプラスアルファの何かが出てくることです。

もちろん、プレーの原理原則は教えています。ボールを下げるのは良くないとか、うちはパス練習はほとんどしないので、パスを3、4回つなぐ場面を作るのはどうなのか。「本番でそれができるの？」という話をすることで「試合で活きる練習とは何か？」を考えさせます。

子どもが進んでやりたくなる環境を作る

静岡聖光は学校のルールとして、部活動は週に3回、夏は90分、冬は60分と決まっています。そこで「練習時間が少ないから、どうせうまくなりっこない」「強くならないだろう」と諦めるのか。それとも「時間が少ない中で、どうすれば上達させられるか」「強いチームを作ることができるか」と前向きに、チャレンジ精神を持って取り組むのか。

私は後者でありたいと思っています。

おそらく、多くの指導者が「長時間練習」に取り組んでいることと思います。

北海道時代の私もそうでした。「ライバル校が3時間練習するのなら、うちは4時間だ！」と本気で思っていました。そして実際に4時間、練習させていました。

私が主体性の指導を始めた頃、畑喜美夫先生に言われた言葉が忘れられません。

「長時間練習ができる指導者は、それだけのエネルギーがあるんだから、ボトムアップや短時間練習は絶対にできるよ」

長時間練習で指導者が先頭に立って指導をするのと、子どもたちが主体的に取り組む指導では、労力の種類こそ違えど、根本にある「子どもたちを成長させたい」という想いは同じです。

これからの時代、スポーツに限らず勉強もそうですが、監督や先生に言われたことを黙ってやるのではなく、自分で課題を発見し、解決する能力が求められます。すでに、社会はそうなってきています。勉強も同じで、自ら進んで「この勉強をしたい。もっと知りたい」と思わせることが大切です。そのためには、大人が言ってやらせるのではなく、子ども自身が進んでやりたくなる環境を作ること。これは勉強でもスポーツでも同じだと思います。

根底にあるのが「自分で考えて工夫し、向上していくこと」です。そう仕向けるために、我々大人も思考の質を変えていかなければいけない。自戒を込めてそう思います。

YouTubeを見れば、優秀な先生が投稿している、勉強の動画がたくさんあります。静岡聖光の先生も、自分で勉強用の動画を作って、授業で子どもたちに見せています。そして質問や疑問があれば、その場でディスカッションをして解決するやり方をしている先生もいます。

これからの時代の教員は、子どもたちに対して「なぜこの勉強をするのか」という動機づけをしたり、理解しやすいように学び方をファシリテートする力も必要になってきていると感じます。

時代の変化に対応することは、未来ある子どもたちに携わる、大人の義務です。凝り固まった頭で指導をしていてはいけない。常にアップデートする気持ちを持ち続けていきたいです。

国際交流とエリート育成

5

ホームステイを通じて国際交流

静岡聖光では、ラグビーを通じた国際交流に力を入れています。コロナ禍の前は、海外から名門校の生徒たちを受け入れ、保護者のご協力のもとホームステイを実施していました。

海外交流のきっかけは、横浜でセブンズラグビー（7人制）の大会に参加したことです。大会運営者にイギリス人のコーチがいて、「国際交流してくれるチームはいないか？」と言われ、2017年8月にキングスクールカンタベリーという、イギリス最古のパブリックスクールを受け入れました。

受け入れの流れとしては、2泊3日から3泊4日の日程で、静岡聖光ラグビー部の子どもたちの家にホームステイをします。観光、試合、ホームステイを通じて、国際交流をするのが目的です。

観光では学校の近くにある、徳川家康が祀られている久能山東照宮や三保に行きました。イギリスの子どもたちが一番喜んでいたのは、ホームステイです。布団や畳の上で寝ることは、新鮮な体験だったようです。

ホームステイは各家庭2人ずつ受け入れます。彼らは普段からジェントルマンの振る舞いを躾られていて、ホームステイ先では布団の角を揃えて畳んだりと行儀がよく、受け入れた家庭の保護者たちはみんな感激していました。一度受け入れると、「来年もぜひ」と言っていただけるほどです。

ホームステイが終わったあとも、メールなどでやりとりをしている家庭もあります。それはすごく

静岡聖光ではラグビーを通じた国際交流に力を入れている。コロナ禍の前は保護者のご協力のもとでホームステイを実施していた

いいことだなと思います。

交流の最後には、講堂でセレモニーをします。そこには、ホームステイ先の保護者を呼び、イギリスの子たちが感謝のスピーチをします。記念撮影をして、メダルを授与して、ホストファミリーを讃えるセレモニーです。どの家庭も、とても良い思い出になっているようです。見送りの際は涙、涙です。

2017年に実施したキングススクールカンタベリーとの交流が評判を呼び、関係者がイートン校につないでくれました。

イートン校はハロウ校などと並ぶ、イギリスにある「ザ・ナイン」と呼ばれる、9つのパブリックスクールの中のトップ校。名門中の名門です。

関係者を通じて「今度、イートン校のジャパンツアーがある。静岡聖光はすごく良かったから、話をしてみる」と言われました。

そこで星野先生が「名門のイートン校とつながりができるなんて、願ってもみない機会。早速イギリスに行って、話をまとめてこよう」ということで、ふたりで訪問しました。

海外の学校でラグビーをしている子たちは、ほとんどがエリートです。国の王族が作った学校に通っていたり、お金持ちの子どもだったりと、その国のトップ層の子どもがラグビーをしています。そのため「静岡聖光はラグビー部がある学校です」と言うと、海外の学校はシェイクハンズ（握手）からスタートしてくれます。

ラグビーという共通の話題があるのですぐに打ち解け、イートン校をホームステイで受け入れることが決まりました。現在は教育協力校という関係になっています。

イギリスの名門校と交流

静岡聖光はイートン校のライバル、ハロウ校とも交流を持っています。

ハロウ校も部活動は週に3回、90分だそうです。ラグビーは全国大会優勝レベルで、プロ選手も輩出しています。

ハロウ校のラグビー部監督は、スコットランド代表候補選手という経歴の持ち主でした。学校では理科の教諭と寮の主任をしているそうです。寮の監督は「ハウスマスター」と言って、24時間、子どもたちと一緒にいます。

彼は「子供たちの教育に関わっているのが誇りだ」と言っていました。

「ジェントルマンは、スポーツ・芸術・学習すべてやらなければいけない」と言っていました。

代表選手として、ワールドカップに出られるほどの人物にそう言われると「たしかに、その通り」とうなずくしかありません。ラグビーの指導にばかり力を入れていた自分を省みて、このままではだめだな……と思うと同時に、そういう人に教えられているから、子どもたちもジェントルマンになるんだと感じました。

海外の学校と交流すると、日本で部活をしていただけでは得られない刺激、新たな価値観に触れることができます。

日本はひとつの部活を選び、それに取り組みますが、タイ王立ワチラウッドカレッジは違いました。まず、部活が土曜日の午前しかありません。全寮制で朝起きたら、ご飯を食べずに1時間目の授業が始まります。その後、1度寮に戻ってご飯を食べて、お昼まで授業を受けます。午後は楽器、デザイン、アート、コンピューター工学の時間があり、その後に全員でスポーツをします。

スポーツはラグビー、サッカー、バスケットボール、陸上の4つに分かれています。部活は土曜日の午前中だけですが、3ヶ月区切りで毎日1つのスポーツをやっているそうです。

カリキュラムの組み方を見ても、勉強もスポーツも芸術も、すべてできるようにという考え方です。そのような環境を見ると、日本の部活のようにひとつのスポーツに絞るだけでいいのか。スポーツしかしなくていいのだろうかと考えてしまうのです。

どの国の学校も、ラグビーだけをひたすらやるのではなく、他のスポーツはもちろんのこと、芸術や音楽などにも平行して取り組んでいます。

イギリスにはドラマクラブがあって、演劇ができて当たり前です。静岡聖光に外国人の先生がいますが、ムービーを作ろうとなると、すぐに演技ができます。

でも、日本の先生は私も含めてもじもじしてしまって、恥ずかしくてできません。その様子を見て「なんで!?」と驚いていました。

シンガポールに遠征に行ったときは、プログラミングの授業は当たり前。家庭教師をつけている子もいました。そのような話を聞くと、日本は大丈夫か。遅れているのではないかと強く感じます。その視点から考えると「花園に行くことがすべて。それ以外はどうでもいい」という考えがいかにナンセンスかがおわかりいただけるかと思います。

試合に勝てばいい、結果が出ればいいという思考だと、それから先の人生にはつながらないでしょう。

チームのキャプテンにもそれを理解してもらい、「日本一、魅力のあるチームになる」という目標ができました。

国際人になる、教養を高めるためにラグビーをするという意識になると、練習へ取り組む意識も変わります。それが結果として、試合での勝利にもつながるのです。

勝ち負けは大事ですが、すべてではありません。

「より良い人間になるためにラグビーをする」ことが逃げになってはいけませんが、その気持ちを常に持ち続けることで、取り組みが変わると同時に、我々指導者も子どもたちに対して、どう接すればいいかが変わってくると思います。

ラグビーの精神を学ぶ

海外の子どもたちはジェントルマンなので、「大会に勝ちに行く」という感覚がありません。「何のためにラグビーをやっているの?」と聞くと、「ジェントルマンになるため」「「自己犠牲の精神を学ぶため」と答えます。

「僕たちはエリートなんだから、ラグビーをするのは当たり前だ」と。

「ラグビーを通じて、国内外のエリートたちとつながるんだ」という言葉を聞いたとき、日本人とは価値観が違うと衝撃を受けました。

それと同時に、日本の子どもたちに「海外のエリートは、なんのためにラグビーをやっているのか」を知ってほしいと思いました。

ジェントルマンになるため、国際人になるためのツールがラグビーなんだと考える人が増えれば、ラグビー界も変わっていくのではないでしょうか。

大会で勝つという目的が希薄なので、イギリスには日本のような全国大会はないそうです。名門校同士が対戦し、試合が終わればノーサイド。アフターマッチファンクションをして、交流を深めます。

我々はイギリスのイートン校やハロウ校、タイ王立ワチラウッドカレッジの選手たちをホームステイで受け入れ、交流をしてきました。

イギリスの高校生たちとの交流を通して、英語の重要性に気づく子どもたちも多い

試合後、アフターマッチファンクションを一緒にしたのですが、衝撃を受けました。

まず、高校生たちはジョークを交えたスピーチをして、監督やレフェリー、対戦相手、ホームステイ先にしっかりと感謝を示します。そのあと、出し物として歌を歌ったりと多才です。日本の子たちは、ここまでできないよなと思わされました。

さらに、ラグビーを通じて国際交流をする中で、英語の重要性を痛感します。

イギリス人は母国語なので当然ですが、タイもマレーシアもエリート層の子どもたちは、流暢に英語でスピーチをします。そういう姿を見ると、ラグビー以前に負けていると感じてしまいます。それも、我々大人の責任です。しっかりと話すことができるように、教育をしていないわけですから。とくに私は英語の教員なので、責任を感じています。

このような機会があると、子どもたちも「もっと英語を勉強しないとだめだな」と真剣に取り組む要因になります。いまでは、英語でスピーチができるというのが、部活内でのステータスになりつつあります。

昔であれば、本場の発音をしたら、カッコつけていると思われていました。いまはいい発音で話すと「うまいね」となります。

アフターマッチファンクションでは、両校の監督が英語でスピーチをします。かなり緊張しますが、そのような場があることで、自分としてももっとレベルアップしなければという機会になるので、ありがたく受け止めています。

イギリスの高校生たちは出し物で歌を歌うなど多才な一面を披露してくれる

ラグビーをする意味を考える

イギリスには「ザ・ナイン」と呼ばれる、9つのパブリックスクールがあります。イートン校やハロウ校も含まれているのですが、その中にあるラグビー校で始まったスポーツがラグビーの起源になっています。

厳しく体をぶつけ合いながら、フェアに戦う精神を鍛える意味があり、ラグビーをするのはエリートで、ステータスのある人間だというのが始まりだそうです。

日本でラグビーをしている人が、その部分をどれだけわかっているかというと、あまりわかっていないのかなと思います。

日本の場合、スクールウォーズ的世界観で、エネルギーがあり余る若者をラグビーで更生させるというのが、かつてのイメージでした。もちろん素晴らしい取り組みであったと思いますが、近年はジャパンのエリート選手の活躍により、少しずつ変わってきているように感じます。

私自身、海外のエリート校との交流を通じて、ラグビーの素晴らしさをより感じるようになりました。北海道で指導をしていた頃、野球をしていた子をラグビー部に勧誘し、保護者に激怒されたことがありました。当時はラグビーの素晴らしさを伝える術を持っていなかったので、はっきりとは言えませんでしたが、いまは胸を張って言います。
「こんなに素晴らしいスポーツはないですよ。お子さんをエリートにさせたいのだったら、ラグビーをやらせませんか？」って。

マレーシアでの3S活動が大反響

２０１９年2月、マレーシアで開催された国際大会に招待されました。フライト代以外の全てを大会主催者に負担していただいたんです。

その大会の目標を、子どもたちが話し合いました。普通なら「優勝する」「何トライ奪う」など、ラグビーの勝敗に決する目標が優先順位として高くなることでしょう。

でも、静岡聖光の子たちは違いました。「日本の文化を知ってもらう」という目標を一番に持ってきました。その次が「試合での結果を求める」でした。

日本の文化を知ってもらうためにしたことのひとつが、グラウンドでのゴミ拾いです。

１日目はそれぞれ、グラウンドに落ちているゴミを拾っていたのですが、あまり目立ちません。「これでは、日本の文化を知ってもらうことにはならないぞ」と焦った彼らは初日の反省を生かし、２日目からはグラウンドで横一列に並び、同じスピードで歩いてゴミ拾いをしました。その姿が珍しかっ

2019年にはマレーシアで開催された国際大会に招待され、
現地の中学生・高校生たちとも触れ合った

たのでしょう。マレーシアの人たちがスマートフォンで写真を撮り、SNSにアップし始めました。

その投稿が猛烈に拡散されて、「なんで日本人がゴミ拾いをしているんだ」「マレーシア人として恥ずかしい」などのコメントがつき、日本にも伝わりました。その結果、マレーシアのテレビ番組や日本のワイドショーで取り上げられるなど、大きな反響を呼びました。

初日の反省を生かし、やり方を工夫してインパクトを残したことは「やるじゃないか」という感じです（笑）。海外の大会に送り出してくれた保護者に対しての、お土産にもなったなと思いました。

整理・整頓・清掃の3S活動は、静岡聖光のベースとなる取り組みです。

これは安芸南高校サッカー部の取り組みを真似したもので、子どもたちが見学に行ったときに、「これはいい。俺たちもやろう」と取り入れました。

マレーシア遠征でも、３Ｓ活動はしました。ゴミを拾い、チームに与えられたテントの前にスパイクやユニフォームを綺麗に並べました。するとそれを見たマレーシアのチームが真似をして、綺麗に並べるようになったんです。その光景を見たときもうれしかったですね。良い行動が伝わって、お手本になれたんだと感激しました。

本校が提携をしている学校は、『マレーカレッジ・クアラカンサ』といって、王様が作った、マレーシアナンバーワンの学校です。東のイー

ラグビーが強いイメージがなかったマレーシアだが、暑さの中バテることのない体力には驚かされた

トン校と呼ばれており、天皇陛下が訪問したこともあります。ラグビー・テニス・クリケット等ジェントルマンスポーツが盛んです。ちなみに大会の結果ですが、結構勝てるだろうと思っていたら、初日は全敗でした。

マレーシアには高校から上のカテゴリーがあまりないので、ラグビーは高校で辞めてしまうそうです。それまで強いイメージはありませんでしたが、高校まではすごく強いことがわかりました。

ラグビースタイルで印象的だったのが、マレーシアとタイです。体はそれほど大きくはないのですが、灼熱の中で走り回る力を持っていました。気温が40度近くあるのに、バテることなく、独特のステップワークで走り回っていて、驚いた記憶があります。

国際サミットで出遅れを痛感

海外の子と日本の子を見て感じるのは、自己主張の有無です。

私は国際交流部長なので、『国際サミット』という、世界各地から学生が集まるイベントの引率をしています。

たとえばインドで行われた国際サミットでは「水問題について話し合う」というテーマでした。

20ヶ国から高校生たちが集まり、プレゼンやディベートをします。ほかにも、有識者を呼んで講演を聞いたり、グループワークを通じて水問題の解決策を話し合い、最後にみんなで宣言をして終わるという内容でした。

日本からはある程度、英語ができる子を選考して連れて行くのですが、自分の考えを主張することに慣れていないので、積極的に発言し、行動する部分で遅れを取っていました。

グループワークの初日に「日本人はおとなしいんだな」と見破られて、蚊帳の外に置かれたこともありました。

それも海外に行って、輪の中に飛び込まなければ感じることのできなかった経験です。

引率の立場ですが、私は側で見ながら「もう、部活だけをやっていていい時代じゃないよな」と危機感を覚えました。

国際交流で話を聞いたマレーシアの高校生は、どの国の大学に行って、将来どんなことをして起業し、どうやって稼いで生きていくかを現実的に考えていました。果たして日本の子どもたちは、どれだけ具体的に将来のビジョンを描けているでしょうか?

そう考えると、学校の先生も、社会情勢や日本の立ち位置を理解した上で、部活と勉強のバランスを子どもたち自身に考えさせないと、今後さらに厳しくなるのではないでしょうか。

部活でスポーツをしていて、プロになれる子はほんの一握りです。ラグビーやサッカーや野球で飯が食える保証はありません。「ラグビー一筋でやってきました」と言っても、通じない時代に来ています。

私自身、静岡聖光に来て国際交流をし、様々な指導者と知り合う中で、多くのことに気がつくことができました。これは、本当に幸運だったと思います。

かつてはラグビーで勝つことしか頭になく「他の学校が3時間練習しているのなら、うちは4時間やるぞ」といった、狭い視野でしか物事をとらえることができませんでした。

あらためていま、子どもたちの将来に触れている教育者として、「この子たちには何が必要か」を見つめ直しています。

中学生の指導

6

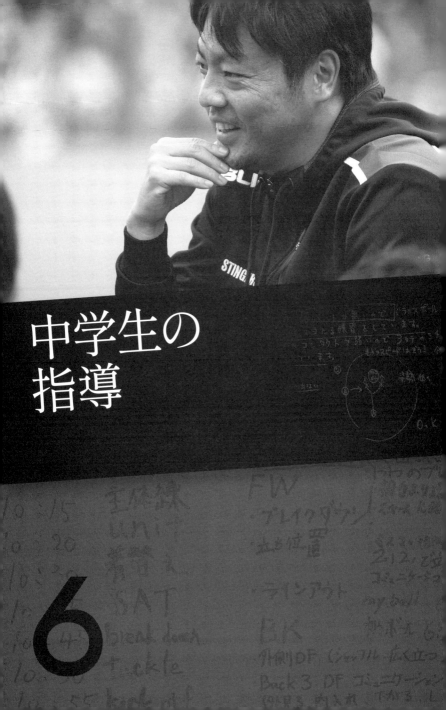

重視しているのはラグビーの楽しさを伝えること

私は2021年度より、中学高校の統括と中学の監督を務めています。これまで高校年代のラグビー指導に長く携わってきたので、中学生の指導は新たなチャレンジです。

中学生の場合、ほとんどがラグビー未経験者です。1学年約20人ほど部員がいて、3～5人が経験者、それ以外が未経験という割合です。

彼らの中には、保護者に「聖光に入学したのだから、ラグビー部に入ったら？」と勧められて入部する子がいます。もちろん、ラグビーが好きで自ら進んで入ってきてくれた子もいるので、モチベーションやスキルに大きな違いがあります。

なかにはメガネを掛けたままスクラムを組もうとしたり、なぜか制服でグラウンドに来てボールを蹴っている子もいます（笑）。かつての私であれば怒鳴りつけていたところですが、ラグビーを選んでくれたことに感謝して、あまり厳しく注意せず、楽しめるような雰囲気づくりを目指しています。

最近の子どもたちを見ていて感じるのが、運動経験の少なさです。

ゲームや勉強に割かれる時間が多く、外で体を動かす機会が減っているのでしょうか。私が子どもの頃と比べて、基礎的な体力、運動能力が低下しているように感じます。

そのため、中学1年生は別メニューを実施して、基礎の運動やゲームを通じて、ラグビーの楽しさ

中学の監督になって重視しているのは、子どもたちにラグビーの楽しさを知ってもらうこと

を伝えることや体づくりを重視しています。

中学の監督になってからは、ラグビー経験のない子たちに、どうやってラグビーを好きになってもらうか。ラグビーの醍醐味を感じてもらうかに、目を向けるようになりました。

北海道で指導を始め、部員を勧誘して回っていた頃のような、新鮮な気持ちで取り組んでいます。

中学年代で面白いのは、モチベーションが高い子とそうでない子との差があることです。

高校生になると、花園という同じ目標に向かって気持ちがひとつになっていくのですが、中学1年生はまだその段階ではありません。

意識にばらつきがある子たちをまとめるために大切なのが、ミーティングです。

高校もそうですが、チーム作りの生命線はミーティングです。リーダーズミーティング、ユニットミーティング、個別ミーティング（1on1）などを通じて、子どもたち同士や私との間でコミュニケーションをとっていきます。

中学生の場合、個別ミーティングで向かい合うと、素直に心の内を話してくれます。チームメイトがいるところだと、素直になれないこともあるので、昼休みを使って個別ミーティングをして、彼らの考えを聞くようにしています。

練習でもミーティングを行います。進め方は高校と同じです。毎週テーマを決めて、それに対してどうだったかを話し合います。

2021年に中学ラグビー部の監督になり、最初はウイニングプレパレーションで何をするかを、子どもたちと話し合うところから始めました。

最初は私がリードしながら、彼らに練習メ

中学1年生はほとんどがラグビー未経験者なので、
基礎の運動やゲームを通じて体づくりを重視している

ニューを考えてもらい、何をするかを選んでもらいます。

私は「どういう理由でその練習を選んだの？」などと質問をしながら、考えを言葉にするように導いていきます。

ミーティングもスキルなので、最初からうまくいくわけではありません。つい先日まで小学生だったので、無理もないことでしょう。そこを根気強くガイドしながら、彼らだけで話し合い、結論を出すところまで持っていきます。

良いプレーの映像を編集して褒める

半数以上が中学からラグビーを始めた子なので、できないこともたくさんあります。そこを指摘するのではなく、できたことを褒めるように心がけています。

そのためにプレーの映像を編集して、「これは素晴らしいプレーだ」「自己犠牲の精神を体現している」などと言って、グラウンドに用意したモニターで全員に共有します。

できなかったからといって、落ち込む必要はないのです。まだラグビーを始めたばかり。これから上手くなる伸びしろはたくさんありますから。

ありがちなのが、子どもたちだけでミーティングをするときに、できなかったプレー、ダメなプレーを指摘することです。

たとえば「あそこで相手に抜かれたお前が悪い」「ボールを落としたお前の責任だ」など、うまくいかなかった原因を探すのは簡単です。でも、ミスを指摘しただけでは次につながらないので、ミスの指摘で終わるのはNGにしています。できるようになったプレーもたくさんありますから。

高校生も中学生もそうですが、自分自身で「あのプレーが良くなかったな。もっとうまくならないと」と思って練習するときが一番伸びます。なぜなら、真剣に取り組むからです。

ただし中学生の場合、ディフェンスについて話し合ったあとに、パスの練習をしたりするので、その様子を映像で撮っておいて、「ディフェンスの話をした後にパス練習をするのはどうなんだろう?」と投げかけると、それをもとに話し合いが始まり、次からこうしようというアイデアが、彼らの中から出てきます。

練習試合があるときは、子どもたちで話し合って、試合の目標を立てて、私にプレゼンをしてもらいます。その目標を聞いて、私がアドバイスをして試合を行い、目標としたことについてできたか、できなかったかを、子どもたちがレビューします。

例えば、ある試合のディフェンスの目標が「前に出る」だとしたら、子どもたちに質問をしながら、「前に出るために必要なこと」「前に出ることに成功すると何が起きるか」「逆に、前に出られないと何が起きるか」を確認します。そうすることで、試合中に子どもたちが話し合いをする際のポイントを絞ることができます。

ディフェンスの目的はボールを奪うことなので、理想は「〜によって相手からボールを奪う」となるように、成長していってほしいと思っています。

そのようにして積み重ねていくことで、時間が経つにつれて考えが整理され、より良い取り組みができるようになっていきます。

そして学年が上がるにつれて、私が何かを言うことも少なくなります。子どもたち自身で改善点や取り組みを導き出すことができるので、チームとして仕上がっていきます。

その中で私がやることは、試合に向けて映像をピックアップして、問いかけたり、気づきを与えること。その材料をもとに何をするかは、彼らに任せています。

未経験者にこそ武器を与える

中学生チームは少数の経験者と半数以上の未経験者で成り立っています。

最初は経験者の方が優勢なので、未経験者の子たちには、それぞれの個性、特性を活かしたスペシャルなプレーを身につけさせてあげることに重点を置いています。

そして、未経験者がスペシャルなプレーを試合で発揮し、チームの勝利に貢献することができたら、チームの雰囲気も良くなります。

そのため、ミーティングなどで「あの子は背が高くてキックを捕れるのだから、そういうサインがあっても良いのでは」と言ったり、試合で良いプレーをした映像を探して、「この前の試合で、(ラグビー未経験の)あの子が素晴らしいプレーをした。足元のボールに飛び込む強い気持ちは、まさにラグビーの精神だ」などと称賛しながら、互いの気持ちを近づけるような工夫をしていきます。

2021年に、静岡聖光の中学生が東海大会に出場しました。私は対戦相手をスカウティングし、子どもたちに映像を見せました。

中学年代では勝ち負けよりも試合を通して成長することのほうが大事

この相手には、この部分で上回れるんじゃないか。ここから突破できるのではないかという仮説を立て、それをもとにトレーニングメニューを組み立てます。

大切なのは、相手に勝つための練習をすることです。自分たちのやりたいラグビーもいいですが、それを踏まえた上で、試合に合わせて準備できるのが強いチームです。

それは中学生の子たちにも伝えていて「高校生の先輩たちがやっていることを、中学生のときからやるからね。3年後、君たちはもっと成長できていると思うよ」と勇気づけます。

シナリオを作ってそのためのトレーニングをすると「これを試合で出せば、勝てるんじゃないか」とワクワクしてきます。

闇雲に「気合だ！」「勝つぞ！」「おー！」などと声を出して気持ちを高めるのではなく、勝つためのシナリオを立て、それを実行するためのトレーニングをすることで、成功イメージが湧き、試合が待ち遠しくなります。

しっかりとした準備ができると「これができるようになれば勝てる」という気持ちになります。なかには、「試合の前の日、ワクワクしてなかなか寝付けませんでした」という子もいました。

東海大会は、残念ながら負けてしまいましたが、ラグビー経験の浅い子たちばかりの中、前向きにチャレンジして戦っていたので、私としてはとても良かったと思っています。

この年代で大事なのは試合の勝ち負けではなく、試合を通して成長することです。

彼らもそれをわかっているので、負けたからといって過度に落ち込むことはありません。なにせまだ中学生。高校3年生の最後に、相手を上回ればいいわけです。その日まで、しっかり積み上げていってほしいと思っています。

中学生もゲーム中心の練習をする

このような話をすると、「ラグビーを始めたばかりで何もわからない子たちが、主体的に練習できるのですか？」と聞かれることがあります。

「ラグビーって楽しいな」と思ってもらえることが大事なので、練習はゲーム形式を中心に実施

私はそれにチャレンジしているのですが、実感として、スキルの練習は後からでも間に合うと思っています。

まずはゲーム形式の、実践に近い練習を多くすることで「ラグビーの試合って楽しいな」「もっと活躍したいから、このスキルができるようになりたい」という思考に持っていきたいのです。

30年前の指導は「パスができるようになってから試合をするぞ」という積み上げ式の考え方でした。1年生は基礎練習ばかりやらされるので、「ラグビーってつまらないな」「全然試合をやらせてもらえないな」というのが当たり前でした。その結果、つまらなくて辞めてしまったり……。

子どもの多い、30年前であればそのやり方ができたのかもしれません。でも、いまや少子化で子どもの数が激減しています。どのスポーツも、興味を持って来てくれた子に楽しいと感じてもらい、好きになってもらうことが肝心です。

スポーツをしていて、楽しいと感じるのはやっぱりゲーム（試合形式）です。誰しも、基礎的なパス練習を何時間もやらされたら飽きてしまいます。

いまいる子たちのレベルを見て、これぐらいの人数で、これぐらいのグラウンドの大きさで、こういうルールを設ければ、ちょうどいい強度で、楽しくプレーできるかなと見極めるのが、指導者の腕の見せどころです。

実際にゲームをしてみて、どうも上手くいかない、子どもたちも楽しくなさそうだと思ったら設定やルールを変えて、ハードルを低くします。

その中で課題を持たせて、「もうちょっとパスができないと面白くないな」などと子どもたちが感じて、それが主体練のテーマになっていけば、すべてがいいサイクルになります。

それをコーチが外から見ていて「お前たちはパスができないから、パス練習を１００本やりなさい」ではダメなわけです。そのような「やらされている練習」をしていてもトレーニング効果は上がりません。

やらされる１００本より、自分で課題を持ってやる10本の方が、間違いなく効果があります。そして、子どもたちが主体的に取り組む中で、「もうちょっと詳しく教わりたい」という気持ちの高まりを感じたら、トップリーグの選手や専門のコーチを呼んでプレーを見せてもらったり、ポイントを指導してもらいます。

そうすると、乾いた砂に水が染み込むように、子どもたちは前のめりで吸収していきます。子どもたちが「もっと知りたい」「上手くなりたい」という気持ちになるタイミングを見逃さず、適切なアプローチをすることが、私の仕事です。

それでも部活は辞めてもいい

これまで「部活を辞めたいと言ってきた部員を引き止めて、3年間続けさせること」は美徳とされてきました。「なんで辞めるんだ。せっかくここまでやったんだから、頑張って最後まで続けよう」。そういって引き止めることのできる監督はいい指導者として、美談になっていました。

しかし、令和の時代になって思います。

「辞めたいと言う生徒を引き止めることは、はたして良いことなのだろうか？」と。

実際にこんな出来事がありました。

「ラグビー部を辞めたい」と言ってきた子がいたので「気持ちはわかった。でも、ご両親としっかり話をしてからでも遅くはないんじゃないか。もしかしたら、親御さんはラグビーを続けてほしいと思っているかもしれないぞ」と言って、追い返したことがありました。

私としては「家族と話し合った結果、ラグビーを辞めます」という結論になるのであれば、それでOK。退部を認めるつもりでした。

そうしたら、なにがどう間違って伝わったのか、「佐々木先生は、両親がそろってお願いしに来ないと、部活を辞めさせないと言っている」と思われたようで、予期せぬトラブルになったことがありました。

私としては、一切そんなつもりはありません。ラグビーを辞めて、別のことに興味を持つのは大いに結構。スポーツには向き不向きがあります。

ただし、部活を辞めたあと、何もせずに日々を過ごすのはNGです。

退部する際は「これから、どんなことに挑戦したいのか」を必ず確認しますし、退部したあとも声掛けをしています。いろいろ経験した結果「やはりラグビーがやりたい」というのも大歓迎です。そのことも事前に伝えます。

とくに現代の子にとって、部活は趣味の延長線上で、ちょっと体を動かしたいなという気持ちで入ってくるケースもあります。やってみて、つまらなければ辞めればいい。そう思っている子に対して、引き止めることが果たしていいことなのでしょうか。

生徒にこう言われたことがあります。「佐々木先生は授業では優しいのに、グラウンドに来ると怖い」と。「授業と部活では別人みたいですね」と言われたときに、なんと答えていいか、わかりませんでした。でも、昔はそれが当たり前でした。学校では優しい雰囲気ですが、グラウンドに来ると顔色を変えて怒鳴ったり、生徒のあいさつの仕方もハキハキしたものに変わっていました。そして、そのような態度で接するのが良い先生、熱意のある先生という評価でした。

いまの子どもたちは、その豹変に対して相当、違和感があるようです。「ラグビー部に入りたいけど、佐々木先生はグラウンドに行ったら怖いから」と言われたこともあります。昔はそれが普通でしたが、改めて考えると、なんで自分はスポーツの場面で豹変していたのだろうと不思議に思います。

世の中的にも、スポーツ界的にも「パワハラ」という言葉が一般的になりました。それによって生徒に強く当たったり、監督と選手という立場を利用して強権的になると、子どもたちは拒否反応を示します。そこは、かつての子どもたちとの違いを大きく感じる部分です。

我々指導者は、考え方を変えなければいけない時代に来ています。「部活を辞める＝悪いこと」という固定観念は、捨てるべきなのかもしれません。

部活を辞めて他のことをするのが悪いことではなく、他のやりたいことが、将来の道を開くことにつながる可能性もあります。それを「最後まで辞めるな」といった、大人の古い価値観でつなぎとめていいのでしょうか。

部活を途中で辞める子が何人かいると、「顧問がだらしないから、あの子が辞めたんだ」などと言われがちです。「顧問がちゃんと面倒を見ないから逃げていった」などは、かつてはよく聞く言葉でした。

もちろん、目の前のことが嫌で逃げる子もいるので、ケースバイケースですが、部活を辞めることに対して、かつての価値観でいいのかと考えることがよくあります。

「ほかに合うところが見つかればいいね」「やりたいことが見つかって良かったね」というふうに持っていってあげた方が良い生徒もいるのです。

そのスポーツを辞めて、違うスポーツをやったり、勉強を頑張るのも素敵なことなので、そこについては寛容でありたいと思っています。

それも結局、学校のカルチャーと関わってくると思います。すべては、目の前の子どもをしっかり見ること。コミュニケーションをとること。それに尽きるのではないでしょうか。

そして我々指導者は、どうすれば子どもたちが、中学や高校の限られた時間の中で成長することができるのかを考える。それがもっとも大切な仕事だと思います。

時代の流れとともに、大人の考え方も子どもたちの気質も変わっていきます。そこに対してどう柔軟に変化することができるか。

私は変化することを恐れず、これからも視野を広く持って、子どもたちと接していきたいと思っています。

特別対談

中竹竜二（一般社団法人スポーツコーチング Japan 代表理事）
畑喜美夫（一般社団法人ボトムアップ パーソンズ協会代表理事）

特別寄稿

星野明宏（静岡聖光学院　学校長・元ラグビー部監督）

7

中竹竜二×佐々木陽平

中竹さんに出会わなければ、いまとは違った指導者人生を歩んでいたことでしょう。北海道で国体コーチをしていたときに出会い、年代別代表のアナリストに抜擢していただきました。国内外で様々な勉強をさせていただき、指導をする上で大切なことを気づかせてくれた人です。

中竹竜二（なかたけ・りゅうじ）１９７３年、福岡県生まれ。早稲田大学時代にラグビー蹴球部の主将を務め、全国大学選手権で準優勝。２００６年に同部の監督に就任すると、翌年から2年連続で大学選手権優勝に導く。２０１０年に日本ラグビーフットボール協会、初代コーチングディレクターに就任。２０１２年より、U-20日本代表ヘッドコーチ、２０１６年には日本代表ヘッドコーチ代行を務めた。２０１４年に企業のリーダー育成を行う、株式会社チームボックスを設立。２０１８年には一般社団法人スポーツコーチングJapanを立ち上げ、代表理事に就任した。

――おふたりが出会った経緯を教えてください。

中竹…最初に陽平先生にお会いしたのは、2010年でしたよね。当時、僕は日本ラグビー協会のコーチングディレクターとして、全国の高校生の合宿を回っていました。

佐々木…私が北海道ブロックの国体コーチをしていた頃で、2014年には中竹監督のもと、年代別代表のアナリストをさせてもらいました。

中竹…だから、僕にとって陽平先生は同志なんですよ。

佐々木…それはもう、恐れ多いです(笑)。中竹さんが中心になって活動していたユースコーチ研修は、学びになることが本当に多かったです。いわゆる厳しい指導とは真逆で、練習のプランニングやゴール設定、「何のためにこの練習をするのか」という意味づけや意識づけを、全国を回ってされていましたよね。

中竹…最初のうちは嫌われていたと思います(笑)。信頼を得るのに、3年ぐらいかかったんじゃないかな。

佐々木…私自身、当時は厳しさを前面に押し出した指導をしていました。試合後にグラウンドを走らせたり、ハーフタイムに選手を怒鳴って、厳しく接するのが良い指導者だと勘違いしていました。そんな中で中竹さんにお会いして、お話をうかがっていると、「自分の指導は間違っているのではないか」と感じることが増えてきました。選手をたくさん走らせるとか、練習試合を何回したとか、そういうことが大事なのではないんだと気づかされました。

中竹…当時の印象としては、陽平先生はユーモアがあって、面白い練習をする指導者だなと感じた記憶があります。

佐々木…当時、中竹さんに「何のためにこの練習をするんですか?」「どれぐらいの負荷をかけると、選手にどんな影響があって、試合でどんなパフォーマンスになるんですか?」と細かく質問されたことが印象に残っています。試合に勝つために、そこに向かっていくストーリーを作ることが大切なのだと教わりました。あとはレビューですね。練習の後に振り返り、次のプランを立てることは、正しくできていなかったので、目からうろこの連続でした。

中竹…国体の北海道チームで印象的だったのが、初めて小山大輝選手(芦別高校↓大東文化大学↓

パナソニック）を見たときのことです。「あの選手、すごいね」と陽平先生に言ったら「彼は芦別の出身で――」と情報を教えてくれたんですよね。

佐々木… 小山選手は高校2年生で、国体の北海道代表に選ばれていました。

中竹… 彼の負けん気の強さ、体の張り方を見たときに、体は小さいけど逸材だなと感じました。陽平先生から聞いた話も印象に残っていたので、U-18の代表に入れてみたいと思ったんです。

佐々木… ただ、当時はスクラムハーフに、別格の評価を受けている選手が2名選ばれていたんですよね。

中竹… そうそう。僕はセレクションを統括する立場なので、選手選考に口出しをすることはほとんどありません。でも「小山は絶対に入れた方がいい」と推薦しました。陽平先生の「あの選手はおもしろいですよ」という言葉がずっと残っていて、その一言がなかったら、セレクション合宿に推薦していなかったと思います。

佐々木…小山選手は高校1年生のときから、良いディフェンスをする選手でした。彼が高校2年次に出場した国体で、強豪県の選手を何度も仰向けにするタックルをしている映像を編集して、国体の選手に「これぐらいの強度と質でディフェンスできれば、勝つチャンスがある」という話をしたのを覚えています。僕ら北海道の指導者からすると、スクラムハーフに北海道の子が選ばれることは、かなりの驚きなんです。

中竹…そうなんですか。

佐々木…そもそもスクラムハーフって、経験値を必要とされるポジションですよね。当時は北海道のレベルがそれほど高くはなく、北海道の選手がスクラムハーフで代表になるなんて考えられない時代でした。彼の選出は中竹さんのおかげですし、北海道の先生方はみなさん誇りに思ったはずです。

中竹…現場に行ってプレーを見ながら、陽平先生の言葉を聞けたのでプッシュできたんです。あれだけです。僕が現場に介入したのは。

――国体での出会いを経て、中竹さんは佐々木先生を年代別代表のアナリストに抜擢しますが、ど

のような理由で選出したのでしょうか？

中竹…一番は学ぶ姿勢があったことです。僕の話を真剣に聞いて、学ぼうとしてくれていました。ユースコーチから、その世代のU-17やU-18、U-20のスタッフを選ぶのですが、陽平先生を早い段階で上げて、国代表のスタッフとして活躍してほしいなと思っていました。

佐々木…選ばれたときは、なんで自分が⁉と驚きました。

中竹…最初は緊張していましたが、期待に応えるパフォーマンスをしてくれたと思います。たとえば「テクニカルをテーマにプレゼンしてください」と投げかけると、陽平先生は自分なりに考えて、自分でゴールを設定していました。それは、僕がずっと言っている「自分で考えて、自分で解決し、自分で動ける人」という定義そのもので、選手の見本になる存在でした。あとは、ラグビーに漬かりすぎていないところも良かったんです。

佐々木…教育大学出身で英語教員ですからね。

中竹…ラグビーの専門でラグビーしかやっていなくて、生徒に説明するときも全部ラグビーの話になってしまうと、伝わらないことが多々あるんですね。北海道の場合、ラグビーをやりたい子も近畿や関東ほど多くはない中で、いかにラグビーに興味を持たせるか。そもそも辞めさせないことが大切で、そのためには指導者の引き出しに広がりが必要なんです。陽平先生にはその引き出しがあって、選手のためにあらゆる要素を使っていくスタンスが、僕が大事にしていることと同じでした。これは、静岡聖光の星野先生とも共通している感覚だと思います。

佐々木…星野先生と引き合わせてくれたのも中竹さんですから。本当に恩人です。

中竹…星野先生も陽平先生も、人見知りだけど心はオープンで熱い人。二人は合うだろうなと思って引き会わせました。それで聖光に移り、星野先生はすぐに陽平先生に任せて、一歩引きましたよね。あのスタンスはなかなかできません。星野先生の器の大きさを感じました。

佐々木…実は、星野先生のもとで一緒に指導ができると思っていたのですが、蓋を開けると一人でやることになっていたので、とつもないプレッシャーでした（笑）。

中竹… 静岡聖光が全国に出たときは嬉しかったですよ。みんなに「静岡聖光という学校があって、こういう取り組みをしているんだ」とよく言っていました。参考にしてほしいし、学んで欲しかったんです。でも指導者はみなさんプライドがあるので、「あそことは環境が違うから」などと言って、認めたくないんですよね。ただ、本当に学びたい人は「環境は違うけど、学ぶところはある」とわかってくれますし、「陽平先生の取り組みは大事だよね」と共感するユースコーチはどんどん増えていきました。

――ユースコーチの研修で、思い出に残っていることはありますか？

佐々木… たくさんあるのですが、研修の中で、「自分が教える指導をしていてはダメだな」と感じたことがありました。中竹さんがコーチの人たちを前に、試合の映像を見せて、いくつかのプレーの選択肢を提示して「正解はどれでしょう？」とクイズを出されたことがありましたよね？

中竹… そんなこともありましたね。

佐々木… コーチ陣はそれぞれ意見を言うのですが、中竹さんは「そこに意図があってプレーしているのであれば、どれも正解です」と仰いました。その頃の私は、子どもたちに「こういうときは、どうすればいいですか?」と聞かれたときに、自分が正解だと思うことを教えていました。でも、自分にはそもそも中竹さんほどの知識もないのに、「これが正解だ」と言い切っていいのだろうかと反省したんです。

中竹… そうでしたか。

佐々木… いま思い返すと、私が見学させていただいた、選手として華々しいキャリアを持つ指導者の方ですら、子どもたちに答えを教えない指導をしていました。子どもたちが目的を持ってプレーを選択したことが大切で、そこにロジックの裏付けがあればなお良し。考える力をつけさせるためには、答えを教えていたらダメだと痛感しました。

中竹… 陽平先生は自分の軸を明確にしているけど、利己的ではないですよね。いかに自分を犠牲にして、チームや選手のために何ができるかを常に考えている人です。僕がいいなと思うのは、無駄なアピールをしないこと。やっている感とか、承認欲求を出さないので、一緒に仕事をしていて心地良かったです。意見が明確で、わからないときはわからないと言うので、信用できる人だと思います。

佐々木… 恐縮です。当時、中竹さんに教わったミーティングは、いまでもチーム作りの要になっています。1on1、リーダーズミーティング、ユニットミーティング、ゲームリハーサル……。これらをちゃんとすると、チームがすごくまとまるようになったんです。いまでは当たり前かもしれませんが、10年前にこれをやっていた人はあまりいなかったと思います。

そういえば、中竹さんと一緒に世界大会に行かせていただいたときに、他の監督と違うと感じた出来事がありました。

中竹… どんなことですか？

佐々木… スタッフの意見をよく聞いてくれることです。アナリストは「映像やデータを提供する人」という扱いが普通なのですが、中竹さんはアナリストに限らず、スタッフ全員に「どう思う？」と意見を求めてくれました。そうすると、チームに対する気持ちも前向きになります。コーチ陣と同じ目線で扱ってくれたことが印象的で、静岡聖光も外部コーチの方がたくさん関わってくれているので、同じ立場で意見を求めるようにしています。

中竹…陽平先生は、僕が聞いたことに対して的確に答えてくれたから、どんどん意見を求めたのだと思います。中には観点がずれていたり、チームのためを思って発言していない人や、自分の仕事が都合よく回るために言っているなというのはわかります。チームの勝利のために出た一言なのか、自分の仕事を楽にするために言っているのか。自分の仕事の言い訳のために発言する人もいますし。ところで、イングランド合宿のことは覚えています?

佐々木…もちろん、よく覚えています。いまでもたまに、ミーティング時の映像を見返すことがあります。指導に行き詰まったときに見て、まだ子どもたちに伝えなければいけないことがたくさんあるなと、元気が出たりするんです。

中竹…それはうれしいですね。陽平先生に言われて、いまでも覚えていることがあります。イングランド合宿の最初の練習のレビューをしている最中に、陽平先生が「練習の意図がわからない。グッドもバッドも明確な基準がなかった。もったいない練習だった」とはっきり言ってくれたことがありました。なぜそれを覚えているかというと、僕もそう思っていたからです。言われたときはドキッとしました。そういうフィードバックをちゃんとしてくれるかどうかが、スタッフもチームになるために大切な部分なんです。

佐々木… それも中竹さんが、思ったことを言える環境を作ってくれたから出た言葉だと思います。選手も同じで、U-20代表でミーティングをすると、積極的に手を挙げて発言していましたよね。寝る前のミーティングって、みんな疲れているので盛り上がらないことが多いのですが、メモ帳を持って、前のめりに参加していました。ミーティングを重ねていくごとに、どんどん良いチームになって行ったのを覚えています。当時の年代別代表に選ばれた選手たちが、いまのジャパンの選手たちですから。

中竹… 日本人選手のほぼ全員に、何らかの形で関わりましたね。彼らは海外遠征を通じて、20歳前後の頃から「自分たちも世界を相手に戦えるんだ」というメンタリティになったと思います。

佐々木… いまの中学生と話をすると、ジャパンがアイルランドやスコットランドと接戦を演じるのを、当たり前だと思っているふしがあります。でも、中竹さんが中心になって活動していたユースコーチやユース一貫指導体制ができて、U-18が海外に遠征して、何年かしてようやくスコットランドに勝てるようになりました。その選手たちが後にジャパンに選ばれて、ワールドカップでも活躍しました。それはすごいことですし、当時の取り組みはもっと評価されてもいいのかなと思います。

――今後の佐々木先生に期待することはありますか？

中竹…ラグビー指導者の枠を超えて、他の部活動や教員、ビジネスマン、大学生などにも、良い影響を与えていってほしいと思います。自分で考えることの大切さは、どのカテゴリーにも共通します。中高生だけでなく、大学生も陽平先生の考えから学びを得て、社会に出ていくようになればいいですよね。

佐々木…中竹さんにたくさんのことを教わって感じるのが、勉強し続けることの大切さです。子どもたちの前で「俺はなんでも知っているんだ」とふんぞり返るのではなく、様々な人を呼んだり、会いに行き、勉強する姿を見せたいと思っています。それを見て、「学び続けることは大切なんだ」と感じてほしいですし、子どもたち自身で「どうやって新しいことを学ぶのか」を考え、必要な学びを主体的に設計できるような指導を続けていきたいです。

中竹：ラグビーの指導者に限らず、いろんなコーチから学んでほしいですよね。今後もがんばってください。応援しています。またいつか、一緒に仕事ができるといいですね。

佐々木：はい。中竹さんとの出会いで人生が変わったので、頑張って恩返しするしかないと思っています。これからも勉強させてください。ありがとうございました。

畑喜美夫×佐々木陽平

畑喜美夫先生が実践されている「ボトムアップ理論」を通じて、静岡聖光ラグビー部は大きく変わりました。子どもたちの主体性に委ねる指導に舵を切ったことが、2年連続の花園出場につながりました。また「部活動サミット」を通じて、私だけでなく、子どもたちもたくさんのことを学ばせていただきました。

畑喜美夫（はた・きみお）1965年、広島県生まれ。東海大学第一高校（現・東海大学付属静岡翔洋高等学校）時代に、U-17サッカー日本代表に選ばれる。順天堂大学時代にはU-20日本代表を経験。また、総理大臣杯やインカレ優勝に貢献。ソウル五輪日本代表候補選手となる。廿日市西高校で教員生活をスタートし、広島観音高校時代には「ボトムアップ理論」を用いて、サッカー部をインターハイ初出場初優勝に導く。2011年より、広島県立安芸南高校に赴任。4年間で県ベスト8まで押し上げ、広島県4部リーグから県1部のトップリーグまで5年で昇格させた。2019年より広島県立高陽高校に赴任した後、31年間勤めた公立高校を退職。一般社団法人ボトムアップパーソンズ協会を設立し、(株)YouHomeに入社。全国展開で人財育成、組織構築活動を行っている。

――**おふたりが出会った経緯を教えてください。**

畑… 佐々木先生が安芸南高校に来てくれたんですよね。当時は毎日のように、いろいろなスポーツの指導者さんが見学に来られていた頃でした。

佐々木… はい。私が静岡聖光に移ってすぐでした。2日間の休みができたので、真っ先に畑先生のところに行って、見学させていただこうと思ったんです。

畑… ボトムアップ理論はサッカーだけでなく、他のスポーツ、教育、ビジネス、すべてに通用するものだと思っているので、ラグビーの佐々木先生が来てくれたのはうれしかったです。

佐々木… 僕は畑先生の本（魔法のサッカーコーチング）を読ませていただいていまして、絶対に嘘だと思ったんです。こんなことがあるはずがないと。それを確かめに行こうと思ったら、本に書いてあること以上に素晴らしくて。

畑… 昔はよく言われましたよ。広島観音高校時代、サッカー部がインターハイで優勝したときに「週2回の練習で日本一になれるわけがない」とかね。

佐々木… 私も自分の目で見るまで、そんなはずはないと思っていました（笑）。畑先生がいた安芸南高校には、２０１５年と２０１８年の2回うかがっているのですが、3年間の進化に驚きました。学校全体がボトムアップの雰囲気になっていて、授業も見学させていただいたのですが、子どもたちが生き生きしていました。サッカー部だけでなく、学校全体を変えた畑先生のパワーに圧倒されました。

畑… ボトムアップを取り入れて、子どもたちが1巡する3年ぐらいで下地ができるんです。最初はサッカー部があいさつ運動をしたり、部室を綺麗にして整理整頓したりといったところから始めて、練習内容や試合に出るメンバーも子どもたちが決めていきます。そうすると1年目に20点取られた相手に3年目は5点差で収まったりと、徐々に差が縮まり、最終的には勝てるようになっていくんです。

佐々木… 2度目にうかがったときは、サッカーのプレーも進化していました。パススピードは速くなっているし、明らかに強くなっていましたよね。

畑…　安芸南は県ベスト8にコンスタントに行くようになり、県リーグも4部からのスタートで、毎年1つずつカテゴリーを上がっていきました。それも子どもたち主体でやってきたからです。

佐々木…　指導のスタンスはそのままでチームの急激なレベルアップに驚いて、畑先生、ハンパないと思いました（笑）

畑…　ボトムアップを学びに来てくれた先生方に言っているのは、自分のチームはもちろん、学校全体を変える意識で入っていくと、大きな器で物事を考えるようになるのでいいですよということです。まずは自分の部活、クラス。そして学年、学校。最後は地域にまで普及させていく。それをイメージしながらやると、変化を波及させやすいです。

佐々木…　学校の話でいうと、畑先生がされていた「いいねアワード」（注・お互いのいいところを見つけて投票する取り組み）を取り入れさせてもらっています。食堂や事務の方、公務補さんにも協力していただいて、「食堂のお皿の整理が素晴らしいです」と写真を撮って共有してもらうようにお願いしています。そうすると学校の雰囲気もよくなるんです。先生が「整理・整頓しなさい」というのではなく、周りの方から「いいね」と言ってもらえると、そうしようという気持ちになり、それが学校やチームのスタンダードになっていくんですよね。

畑…静岡聖光のラグビー部が海外に行かれて、3S活動（整理・整頓・掃除）をされていましたよね。国を超えてアクションを起こして、それが評価されたのは自分のことのようにうれしかったです。僕は「一流はどこから見ても一流」という言葉が好きで、どの角度から見ても、素敵なチームになるための人づくり、組織づくりを大切にしています。

佐々木…畑先生から学んだことは、すべて私の宝になっています。なかでも印象に残っているのが、初めてお会いしたときに、私が「ここまで生徒に任せられるか、自信がありません」と言ったら「長時間、毎日練習する熱量があれば、絶対にボトムアップはできますよ」と言ってくれたことです。

畑…やる気、熱意の方向を変えればいいだけですから、絶対にできますよ。

佐々木…畑先生は決して放任ではなく、観守ることにエネルギーを使われていますよね。毎日、すごい数のノートを生徒とやり取りしていたり、グラウンドで指導するときも、ものすごく的確だったり。ここは注意するけど、ここは彼らに任せようとか、ここは質問形式にしようとか、その判断が凄いなと感心しっぱなしです。

畑…ボトムアップを学びに来る先生の多くは、トップダウンで指導をしてきた方なんです。自分のすべてを子どもたちに伝えているんだけど、なかなか結果が出ない。そうなると、打つ手がなくなりますよね。そこで自分が教えるトップダウンではなく、子どもたちの力を引き出すボトムアップを学びに来られるのです。トップダウンの熱量をボトムアップに変えることで、佐々木先生のように結果が出るようになった方は多いですよ。

佐々木…安芸南にうかがって感じたのが、子どもたちだけで行うミーティングがすごく上手だったことです。ホワイトボードを使って、ファシリテーターがいて、攻撃、守備、切り替え、コンパクト、メンタルなどのポイントが書かれていました。

畑…まずは全体的な戦術があって、それに基づいた、攻守のポイントを書きます。具体的には、計画は黒で書いて、ハーフタイム時に赤でチェックをします。後半どうやって戦うかは青と色分けして、わかりやすくしています。

佐々木…すごくわかりやすいんですよ。話し合いもスムーズですし。

畑…あとは選手のコマを磁石で作って、どう動くかといったことも話し合います。ボードを使って可視化すると、写真に撮って残しておけるので、振り返るときに便利なんです。

佐々木…なにもないところで「みんなで話し合いなさい」と言っても進まないので、あのやり方はすごく参考になりました。やっぱり、強いチームにはちゃんとしたミーティングのフォーマットがあるんだなと感心しました。これがボトムアップ思考の肝の部分だと。

畑…ミーティングには3つの役割があります。それがファシリテーターと書記役とフォロワーです。それぞれの役割を認識させることで、ミーティングがうまく回っていきます。もちろん、このやり方が完璧だとは思っていないので、みなさんで膨らませていってほしいです。

佐々木…子どもたちはミーティングを通じて成長していくので、素晴らしい仕組みだと思います。

畑…たとえ小学生であっても、同じフォーマットでできます。最初は「速く走る」「強いパスを蹴る」などの簡単なところから始まるのですが、指導者が「強いパスってどんなパス？」と質問をして、子どもたちに気づかせたり、考えさせていきます。小学4年生から取り入れて、全国大会に出たチームもいくつかあります。

――ボトムアップを取り入れようと考えている方に向けて、アドバイスをお願いします。

畑…僕の場合、10対0で選手任せにするのではなく、2割のトップダウンに8割のボトムアップでやっていました。そのバランスが大切で、5対5でもいいと思います。そこを指導者がデザインすること。全部がトップダウンだと、指示命令の思考停止。全部がボトムアップだと、丸投げ放任になります。チームは毎年変わるので、選手のキャラクターや時期によって、割合を変えていけばいいと思います。

佐々木…私は最初、ボトムアップと言いながら、全部自分で決めて、子どもたちにやらせていました。それに気づき始めて、やり方を変えました。

畑… 子どもたちにアドバイスをして気づきを与えながら、指導者が観守っていくことが大切で、白紙の紙を渡して「さあ、書いてごらん」と言うのがボトムアップではないですからね。ボトムアップには「創造・判断・実行を奪わない」という3原則があります。これは僕の恩師、広島大河フットボールクラブの浜本敏勝先生の教えです。ボトムアップのルーツは浜本先生で、僕がそれを継承して発展させてきたので、50年ほどの歴史があるんです。

佐々木… 2015年に畑先生に初めてお会いして感動して、すぐにホワイトボードなどの一式を買ったのですが、なかなかうまくいきませんでした。というのも、子どもたちに散々話し合いをさせたのに、決断のところで自分が出て行って、ハーフタイムに指示していたからです。最初の2年間は、創造・判断の余地を与えていなかったので、うまくいきませんでした。

畑… 指導者がどのような行動をすると、子どもたちの創造・判断・実行を奪うのだろう?と考えると、いろいろと見えてきます。それらを奪わないようにアドバイスをしたり、デモンストレーションを見せることがポイントです。

佐々木… サッカーもラグビーも、複雑な局面の中で、瞬時に意思決定することが重要なスポーツですよね。ラグビーの監督はプレー中に指示ができないので、まさにボトムアップの考え方が大切なのですが、若い頃の私はそこに気づくことができなくて……。

畑…サッカーやラグビーのような集団スポーツは、ボトムアップで大切にしている相互理解や合意形成が重要なので、適していると思います。

佐々木…大事な局面の決断を、子どもたちに任せるようになると、生き生きし始めて、私の想像を超える力を出し始めました。そして、次の代が「畑先生のところに勉強に行かせてください」と言って、子どもたちだけで安芸南にお邪魔したんです。

畑…主体性リーダーの生徒さんたち、6人が見学に来てくれたんですよね。

佐々木…私が言っていたことを彼らが体感してきて「自分たち主体でやらせてください」と言うようになり、成長スピードが加速しました。

畑… 自分の目で見て聞いて、五感を使って感じることって大切ですよね。安芸南の生徒も、県外の高校に自分たちだけで勉強しに行っていました。そういう学年は真剣に取り組むので、パワーアップするんですよ。

佐々木… 畑先生は選手としての実績があり、U-16日本代表のコーチを務めた経験があったりと、指導力も素晴らしいわけです。おそらく畑先生がトップダウンで指導をしても、相当強いチームができると思います。でも、それをしないところが凄いですよね。

畑… 日本サッカー協会公認の指導者A級ライセンスを取ったりと、指導の勉強もたくさんしてきましたが、学んだことをあれもこれも伝えてというよりは、その知識を持ちながら、子どもたちに考えさせて、引き出しを作っていく。その過程でアドバイスをして、彼ら自身で選択できるような、背中を押してあげる指導が一番伸びると感じています。人から言われたことよりも、自分でチャレンジしたことの方が、成功も失敗も覚えているじゃないですか。

佐々木… そのとおりだと思います。

畑… 大切なのは、子どもたちの可能性を信じて「この子たちに任せると、きっとこうなるだろう」とイメージすることです。子どもだからできないじゃなくて、この子たちの力を最大限発揮すれば、日本のトップを取れるぐらいの思いを持って、子どもたちに携わることが大切なんです。静岡聖光の生徒さんも「部活動サミット」という素晴らしい活動を成功させましたよね。まさに「任せればできる」です。

佐々木… 部活動サミットは、子どもたちが畑先生のところに勉強に行ったことから生まれた企画です。「時短練習で結果を出している部活の話を聞きたい」というのは、彼らのアイデアです。

畑… 圧巻でしたよね。最初に聞いたときは、こんな企画があるんだと驚き、感動しました。先生主導だと、あの熱量は生まれません。子どもたち主体でやったから、あれだけのものになったんだと思います。

佐々木… 部活動サミットで畑先生に講演をしていただきましたが、子どもたちの中に、「もう一度、畑先生の話を聞きたい」「他の部員にも聞かせたい」という気持ちがあったと思います。

畑…それはうれしいですね。佐々木先生が子どもたちの力をうまくコーディネートしたからこそ、実現した部分もあると思います。やはりリーダーがボトムアップの考え方を持っていないと、子どもたちが「部活動サミットをやりたい」と言っても、「そんな暇があるなら練習試合するぞ」となってしまうわけです。

佐々木…たしかに、そうかもしれません。

畑…学校では管理職、会社では社長など、リーダーがボトムアップの大切さを理解してくれると、スムーズに進んでいきます。安芸南も、校長が「ボトムアップでやろう」と決断してくれたことで、学校全体が変わっていきました。その結果、体育祭や文化祭などで、先生の仕事が少なくて済むようになりました。生徒主体で進むので、管理する必要もありません。サポートしてアドバイスすればいいだけで、結果として、働き方改革にもなりました。本当に良い面ばかりだなと感じています。

――これからの部活動のあり方について、どうお考えでしょうか?

畑…これからのリーダーや指導者は「ファシリテーター型リーダーシップ」が求められると思います。

現場の良さを引き出し、方向性を見つけ出していく仕掛けや仕組みを作る力が必要になるのではないでしょうか。

佐々木…まさに、畑先生が取り組まれてきたことですね。

畑…そのためには指導者が学ぶことが重要で、サッカーの指導者が野球を見たり、バレーボールの指導者がバスケットボールを見て参考にするのもいいですよね。若い頃は、自分が教えて選手を上手くすることに喜びを感じる指導者が多いのですが、それだけではなく、もっと広い目で見ることが大切になると思います。

佐々木…私も若い頃はそうでした。自分が教えて、選手を上手くしたかったんです。

畑…その気持ちもわかりますが、そうすると試合に勝った負けたという、小さな世界にしか目が行かなくなってしまうんです。勝ち負け以外の人間的な成長を、未来から逆算して仕掛けていくことが大事なのに。

佐々木… 畑先生が高校生の頃は、厳しい指導が全盛期だったわけですよね。それなのに、生徒の10年後、20年後を見据えた指導をされているのが凄いです。

畑… 僕が高校生の頃は暴力的、恫喝的な指導が当たり前の時代でした。当時から、そのやり方は違うなと感じていたんです。他にも、サッカーが上手くなる方法があるはずだと。それが高校3年生の頃でした。その考えのもと、当時としては上下関係がそれほどなく、選手主体でチームを作っている順天堂大学に進みました。

佐々木… そうだったんですね。

畑… 当時の順天堂大学は頭を使う主体性サッカーで、ミーティングを徹底してやりました。そのスタイルで日本一になれたので、このやり方は間違っていないと実感しました。その経験があったので、教員になったときにボトムアップ思考型でやろうと思ったのです。

佐々木… そんな歴史があったんですね。

畑…ただ、教員になって最初に任された部活が女子バレー部でした。その後は、男子バスケットボール部と卓球部です。サッカー以外の部活の顧問を6年間しました。僕はサッカーしかしてこなかったので、他競技の専門的な知識はほとんどありません。そうなると、自然にボトムアップのような形になるんです。

佐々木…私もサッカー部とバレー部を指導していたことがあるので、よくわかります。

畑…メンバーも練習も子どもたちに考えさせて、僕は組織を作るマネジメントを集中的にやりました。そうすると、どんどん力をつけていくんですよね。それが自信になりました。このやり方は、どんな競技でも通用するぞって。

佐々木…子どもたちから学ぶことは多いですよね。

畑…そのとおりで、試合中のタイムも全部子どもたちの指示どおりにしました。「先生、タイム」と言われて、僕が審判にお願いしに行くという（笑）。審判をするときも、子どもたちに「先生、大丈夫。

私達が教えるから」と、横についてもらったり。そのときに、生徒から学ぶことの大切さを痛感しました。それまでは「教員が教えるんだ」と思っていたので、肩の荷が降りたというか、指導者として器が大きくなりましたね。

佐々木… そのやり方で、次々に結果を出しているのが凄いです。

畑… 大切なのは「自分たちで創るチームワーク」です。バレーもバスケットも集団スポーツなので、どうすればチームがひとつになるかを徹底的に考えました。合宿をして、一緒に御飯を食べて、夏は花火をして。勉強も時間を決めてきっちりやって。子どもたちの間で切磋琢磨して、支え合い、助け合う環境を作ると、本番にその力が活きてくるんですよね。それを「おまえら、ひとつになれ」と言って作ろうとしても難しいんです。時間はかかるけど、自分たちで何でもデザインできる習慣を作り、一度その文化ができると、後輩たちに受け継がれていくので、どんどん楽になっていきます。

佐々木… これも畑先生に教わったことなのですが、チームの文化を作ることは、一番といっていいほど大事なことですよね。それがあると、何があってもチームがブレない。花園に出たときも「静岡聖光のカルチャーを、全国の人に見てもらおう」と言うことで、僕自身、力みがなくなりました。試合前にニコニコしながら「頑張れよ」「楽しんで」と、選手とハイタッチをして送り出すと、いい動きをしてくれて、結果として試合にも勝つんです。これは発見でした。

畑…そのやり方は、いまの時代にマッチしていると思います。教えることの上手なカリスマ指導者ではなく、選手の力や主体性を引き出す人が、カリスマ指導者と呼ばれる時代になってきていると思います。

――今後の佐々木先生に期待することはありますか?

畑…佐々木先生は僕が持っていない仕掛けや仕組み、先を読む力があるので、ボトムアップ理論をどんどん発展させて、世の中にいい影響を与えていってほしいです。最近はコロナ禍でできませんでしたが、部活動サミットの開催も心待ちにしています。

佐々木…部活動サミットは、必ずまたやってほしいと思っています。前回、畑先生のところで勉強させていただいてから2年が経っているので、ぜひまた伺わせてください。いまは企業さんや飲食店さんの指導もされていますよね。みなさん生き生きと働いておられる様子が、ＳＮＳを通じて伝わってきます。

畑…毎日ワクワクでやっていますよ。本の影響力はすごいので、僕の本を読んで佐々木先生が会いに来てくれて、今回のように広がっていったわけです。今度はこの本を読んだ人が、佐々木先生のところに勉強に来られると思うので、その知恵をもらってブラッシュアップして、全国に広がっていくと、日本のスポーツ文化も変わっていくと思います。

佐々木…今回も、勉強になるお話をありがとうございました。今後もご指導のほど、宜しくお願いします。

畑…もちろんです。今後も子どもたちのため、日本の社会がもっと素敵になるために一緒に頑張りましょう！

【特別寄稿】星野明宏　静岡聖光学院校長・元ラグビー部監督

星野明宏（ほしの・あきひろ）1973年、東京都生まれ。桐蔭学園中学校・高等学校、立命館大学法学部を経て、株式会社電通に勤務。その後、筑波大学大学院で学び、静岡聖光学院中学校・高等学校で教員の道へ。寮教員から始まり、赴任後15年目に学校長を務める。ラグビー部監督時代には、弱小チームを3年で花園出場に導いた。U-17、U-18ラグビー日本代表監督を歴任し、静岡県ラグビーフットボール協会の代表理事を務めるなど、教育界だけでなく、ラグビー界にも大きく寄与している。

佐々木は「自分が教えて勝って、カリスマになる」という気持ちを捨てられた。ほとんどの人はそれができないのですが、彼は捨てることができたのです。

私が佐々木陽平と出会ったのは、全国9ブロックからコーチが選ばれて行われた、コーチング研修の会場でした。その後、ラグビー協会のコーチングディレクターを務めていた中竹竜二の紹介で、私が監督をしていた静岡聖光に見学に来ました。

佐々木は学ぼうとする意欲を持ちながら、何者かになりたいという自己顕示欲がなく、ガツガツしていないところに好感を持ちました。

また、積極的に足を運び、自分の目で見て探求する様子から、私が重要視している「グロースマインドセット（成長するための心構え）」を備えた人間だと感じました。

よく「静岡聖光は主体性指導だ」と言われるのですが、私が監督をしていた頃は、組織マネジメント、モチベーションマネジメント、効率的な練習、専門スタッフでの強化などに重点を置いていました。決して主体性指導ではなく、私というイノベーター型の厳しい監督がいて、選手たちが「星野先生の言うことを聞けば勝てるのではないか。先生が見ていないところでも頑張ろう」というマインドで取り組むチームでした。

そのやり方で静岡県で優勝し、花園に出場することができたのですが、私の学校での役割が担任から教頭、副校長へと変化し、ラグビーの指導に時間を割くことが難しくなってきました。

さらには県内の強豪校が静岡聖光を研究して向かってくるので、選手自身が「監督が言うことに対して、プラスアルファを作って向上しよう」というマインドにならないと、勝てなくなると感じました。

そのためには何かを変えなければいけないと思い、後任を探していました。

「静岡聖光ラグビー部のビジョン、ミッションをさらに発展させることができるのは誰だろう？」と考えたときに思い浮かんだのが、北海道にいる佐々木でした。

静岡聖光ラグビー部は、学校の方針として「短時間練習」が義務づけられており、置かれた環境でベストを発揮する組織づくりに力を入れていました。そこに佐々木が来たことによって、これまで培ってきた組織に主体性がプラスアルファされ、さらに良い組織になったと思います。

とはいえ佐々木が監督になり、最初の2年は花園に行くことができませんでした。彼自身、指導に行き詰まりを感じ「辞めます」と言ったことも一度や二度ではありません。

そこから試行錯誤を繰り返し、ボトムアップ指導でおなじみの畑喜美夫さんやリーダーシップコーチの小寺良二さんなど、スペシャリストの方々の力を借り、研鑽を積んできました。

そのような活動を経て「俺がチームを強くする」から「子どもたちにとって最適な指導とは何だろうか」と考え始めたのだと思います。

彼が良かったのが「自分が教えて勝って、カリスマになる」という気持ちを捨てられたこと。ほとんどの人はそれができないのですが、彼は捨てることができたのです。

指導スタイルを変えたことでチームも強くなり、結果が出始めました。彼が静岡に来て3年目に花園に出場したときは、佐々木に任せて良かったと思いました。

彼の良いところは、全部を自分でやろうとしないところです。自分より優秀な人材を周りに置きながら、その人達に「佐々木先生のためなら」と思わせる力を持っているのです。そこが、凡人である彼の非凡なところかもしれません。

性格的には頑固で、自分の感覚を大切にします。自分が良いと感じたことを取り入れて、結果が出たときに、自分の手柄にしないので、周囲から信頼されるのでしょう。

誰かを傷つけて、叩き落とす改革派ではなく、みんなが納得できるストーリー、ウィン・ウィンの環境を作ります。

学校業務においても、そのスタイルで、教育界では困難だと思われる数々のことにもチャレンジし、形にしていってくれています。

佐々木の指導法は、自分一人で頑張ってどうにかするものではないので、参考にしやすく、再現性があります。

彼は壁にぶつかって挫折し、大切なことに気がついて行動することを繰り返してきました。課題に必死に向き合い、クリアしていく中でスキルアップしてきました。

これからも壁にぶつかることはあると思いますが、彼なりのやり方で、乗り越えていってくれると信じています。

そして、その延長線上に日本の教育・スポーツ界の真の意味での発展があると確信しています。

あとがき

令和になり、部活動およびスポーツ指導は大きな岐路に立たされています。

凄まじいスピードで情報化が進む現代において、指導法や上達法はインターネットを通じて、いくらでも手に入るようになりました。

選手として、特筆すべきキャリアを持たない私が話す技術論よりも、YouTubeの中でプロ選手が話す内容の方が、よっぽど子どもたちの胸に響くことでしょう。

そのような環境において、部活動顧問、スポーツ指導者は、どのような役割を果たすべきでしょうか？

おそらく、いままでのように、自分の考えや経験を一方的に伝えたとしても、子どもたちは受け入れてはくれないはずです。

いまの時代は「子どもたちと一緒に学び続け、良い導きができる指導者」が求められていると感じています。静岡聖光に来て、主体性指導をするようになってから、その考えは確信に変わりました。

私は北海道から始まり、静岡と場所を変えながら、ラグビー指導に携わってきました。本書にも書きましたが、たくさんの失敗をしてきました。

指導者人生で良かったことがあるとするならば、たくさんの指導者に教えを仰いだことです。

いまでも、かつての教え子の顔が頭をよぎり、「もっと別のやり方をしてあげることができたのではないか……」と後悔の念にさいなまれることもあります。

彼らのため、そしてこれから出会う子どもたちのためにも、私自身、学びを続けることを止めてはいけない。子どもたちに、大人が学ぶ姿勢を見せ続けたい。そう思っています。

少子化ゆえ、1チーム最低15人を必要とするラグビー部の運営は、年々難しくなっています。ラグビーをやりたい子がいたとしても、顧問はラグビーと関わったことのない人だったり、ラグビーを指導したい教員がいても、その学校にラグビー部がなかったり……。

このようなミスマッチは、教員が部活動を指導するからこそ起きる問題です。

そのため、これからの部活動は指導者の適正な配置を第一に考え、クラブチームと連携することやクラブチーム化することも視野に入れていくべきだと思います。

学校においては、チームとして運営できるほどの部員が集まらない種目のために、複数のスポーツに取り組む部活動も必要だと感じています。

同時に、子どもたちが部活動を選択する際に、ミスマッチを起こさないよう、事前に組織のビジョンや練習時間等をオープンにすることも有効です。

たとえば、静岡聖光ラグビー部に、「花園に行くために、ラグビー漬けの6年間を過ごしたい」という思いで入学すると、ミスマッチになります。

部活動の在り方について見直すこと、何のために活動しているかを理解してもらうことは、少子化であり多様性が求められる現代において、必要なことだと感じています。

私は2021年現在、静岡聖光学院中学ラグビー部の監督をしていますが、誕生したばかりのクラブチーム『静岡ブルーレヴズ』と、どのような連携ができるかを検討しながら、より良い環境の創設に挑戦していきたいと思っています。

最後になりますが、本書の制作にあたり、竹書房の柴田洋史氏、スポーツライターの鈴木智之氏には有意義なお話を含めて、大変お世話になりました。

畑喜美夫氏、中竹竜二氏は、本書の対談を快く引き受けてくださいました。私自身、対談を通して、改めて多くのことを学びました。

また、練習を見学した際にオープンに教えてくださった、全国各地の指導者の皆様、ありがとうございました。

北海道で指導を始めた頃、島田克彦先生に部員集めの極意を教わりました。

日本最北端の羽幌時代は、天売島から田中彦好先生に熱い指導をしていただきました。

極寒の羽幌合宿に賛同してくださった先生方、町民の皆様にも感謝申し上げます。

多忙にも関わらず、心のこもった指導をしてくださった丹羽政彦氏にも感謝の気持ちを伝えたいです。

札幌山の手高校の佐藤幹夫監督、スタッフの皆様からは、たくさんの激励の言葉をいただきました。

最北ブロックで共に戦った平間慎理先生、小西良平先生、坂口和紀先生。ありがとうございました。

札幌厚別高校の鈴木大介監督には、静岡転居を相談した際、背中を押していただきました。

国体コーチを務めた際には、北海道強化部の小野泰章先生、成田正人先生、中野茂樹先生をはじめ、多くの方々にご指導いただきました。

静岡に転居し、静岡県ラグビー協会の石垣誠理事長をはじめ、県内の指導者の皆様に温かく迎え入れていただきました。サッカー指導者の古杉仁志様、澤村寿人様、いつもアドバイスありがとうございます。

星野明宏校長先生をはじめとする、静岡聖光ラグビー関係者の皆様には、いつもチームワークの大切さを教えていただいています。

ラグビー指導で関わった選手、OB、保護者の皆様にも、たくさんのことを学ばせていただきました。

そして何より、静岡転居を理解してくれた妻、娘たちに感謝しています。

ありがとうございました。

2021年10月　佐々木陽平

佐々木陽平（ささき・ようへい）

静岡聖光学院高校ラグビー部前監督
静岡聖光学院中学ラグビー部監督

1977年生まれ、北海道出身。英語教諭。教務部長兼国際交流部長。札幌西高でラグビーを始め、北海道教育大時代はキャプテンを務める。ポジションはSH。札幌南陵高で指導者としての第一歩を踏み出す。その後、羽幌高へ移動、13年北北海道大会準優勝。4年間指導した後、札幌厚別高へ。15年から聖光学院に赴任、ラグビー部の中高一貫指導ヘッドコーチ就任。16年から監督となり、18年、19年と「思考の質で勝つ選手主体のラグビー」で2大会連続静岡県大会を制し、花園に出場。これまで高校ジャパンのテクニカルコーチ、U-20日本代表のアナリストを担当。18年日本ラグビーフットボール協会ジャパンラグビーコーチングアワード「フロンティア」賞受賞。21年からは中高の統括、中学監督。

選手主体の時短練習で花園へ
静岡聖光学院ラグビー部の部活改革

二〇二一年十月十一日初版第一刷発行

著　者：佐々木陽平
発行人：後藤明信
発行所：株式会社 竹書房
〒一〇二-〇〇七五
東京都千代田区三番町八番地一
三番町東急ビル六階
E-mail info@takeshobo.co.jp
URL http://www.takeshobo.co.jp

印刷所：共同印刷株式会社